敗者たちの平安王朝

皇位継承の闇

倉本一宏

角川文庫
23917

敗者たちの平安王朝　皇位継承の闇

目次

はじめに

「暴虐」「狂気」の天皇

日本史上、「暴虐」や「狂気」を以て語られる天皇が何人か存在する。特に平安朝創設期に在位した平城と、摂関政治の確立期に在位した陽成・冷泉・花山の各天皇は、その「暴虐」や「狂気」を含んだ行状が数々の正史や説話、「歴史物語」によって伝えられている。

しかし、本当に彼らは狂っていたのであろうか。彼らの置かれた歴史状況をよく調べてみると、ある共通点が存在することに気付く。いずれも皇位継承の問題と、政治状況の問題がからんでいるのである。

そもそも、これらの天皇のことを「狂っている」と記した史料の史料的価値には、随分と問題がある。いずれも後世のものであったり、特定の政治的意図によって悪し様に記述していたり、面白おかしく潤色したりといった具合である。そしてその政治的意図には、皇統継承と政権担当者の思惑が色濃く反映している。

皇統継承の問題とは、「あの天皇は狂っていたので、皇統を伝えられなかったのだ」、言い換えれば、「こちら側の天皇は立派な方だったので、皇統を伝えることになったのだ（＝したがって、その子孫である現在の天皇は、即位する資格があるのだ）」という政治的主張である。

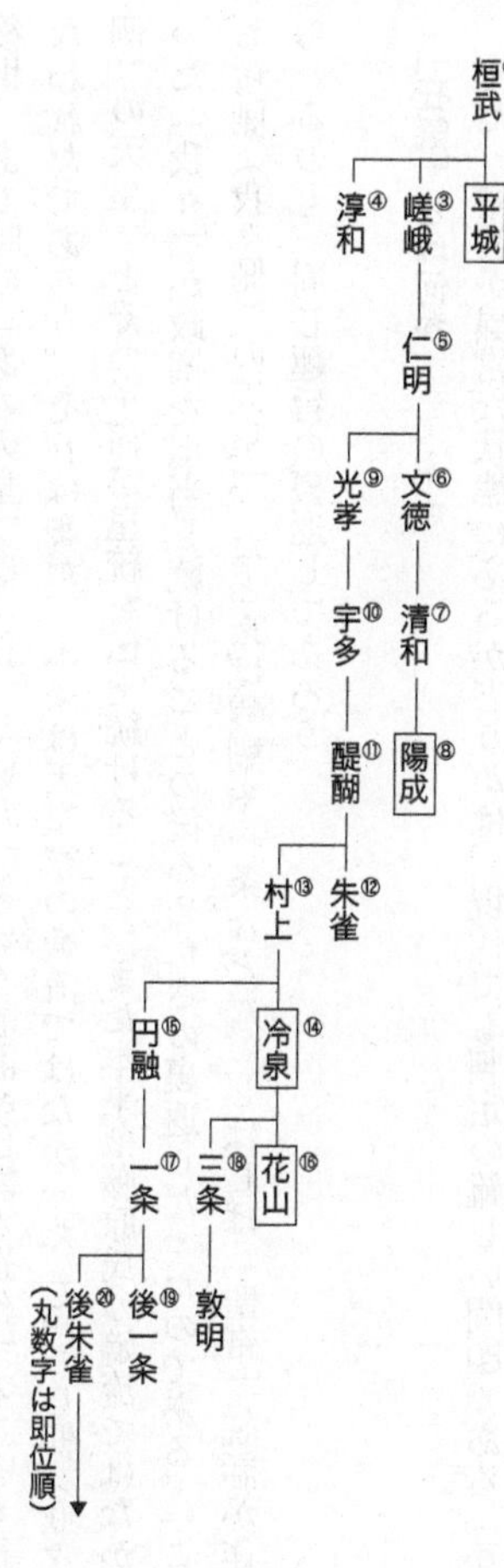

その背後には、「あの天皇が皇位にいたままでは、我々の政治的繁栄に都合が悪い」、つまり、「こちら側の天皇が皇統を伝えれば、我々の政治的繁栄に都合がよい」という政治的思惑が見え隠れしている。「あの天皇」は「我々」との血縁関係、姻戚関係などのミウチ関係が弱く、「あの天皇」が皇位にある限りは自己の権力確立が望めな

い場合、ミウチ関係の強い「こちら側（我々側）の天皇」を即位させて政治権力を振るい、その子孫に皇統を嗣いでいかせるのである。そのために選ばれた手段が、「あの天皇」は「狂っている」という理由で皇位から降ろしてしまうということであった。

また、「こちら側（我々側）の天皇」の子孫や、「我々」の子孫の関係者によって、後世、あの時の「あの天皇」は「狂っていた」という説話や伝説を造作することも行なわれたであろう。それはまた、本来は天皇家の嫡流ではなかった「こちら側（我々側）の天皇」とその子孫が皇統を伝え続けること、また本来は藤原氏の嫡流ではなかった「我々」が政権を担当し続けることの後ろめたさの裏返しだったのである。「こちら側（我々側）の天皇」、たとえば醍醐や一条などに、しばしば「聖帝」説話が作られるのも、同じ趣旨の裏返しであろう。

「狂気」とは何か

また、精神が異常な状態にあるかどうかは、現代でも判定の難しい問題である（芹沢一也編著『時代がつくる「狂気」』、岩波明『どこからが心の病ですか？』）。医学の発達によって、様々な病気の分類が可能となり、細分化することで、逆に病気の数が増えていくということは、どの分野にも共通する事象である。

さらには、同じ症状の病気が時代によって呼称が変わったりもする。かつて「早発性痴呆」と呼ばれていた病気が、その後、スイスの精神科医ブロイラーによって「精神分裂病」と名付けられ、長らく定着していたが、二〇〇二年に「統合失調症」に変更されたなどの類である。

「狂気」という状態は、時代によって、社会によって、階層によって、それぞれ異なるのである。また、たとえ同じ時代であっても、異なる宗教や社会・政治体制の下では、まったく異なる状況を「狂気」と認定してしまうことがある（ミュリエル・ラアリー『中世の狂気』）。ミシェル・フーコー『狂気の歴史』の「序言」の冒頭に引かれたパスカルの言葉にあるように、まさに「人間が狂気じみているのは必然的であるので、狂気じみていないことも、別種の狂気の傾向からいうと、やはり狂気じみていることになるだろう」ということなのである。

　ましてや古代の人々については、「狂気」の持つ意味は、今日的意味とは随分と異なるものであったはずである。特に政務と儀式の細かな式次第にやかましかった平安時代において、百官を総攬しなければならない天皇に関しては、少しでも法令や先例に反したり、貴族社会との協調性を欠いたりした行動を取れば、それは貴族社会から糾弾（「弾指」や「咳唾」）されるべき行為だったと推測される。そういった行動を繰り返した天皇がいれば、周囲から「狂っている」と認識されても不思議ではない。

　とりわけ先ほど述べたように、時の権力者にとって邪魔な天皇であったなら、なおさらであろう。それらの天皇に対する非難や噂が積み重なって、後世、様々な「狂気」説話が作られていったものと思われる。

「暴虐」「狂気」の天皇の実態

この本では、九世紀初頭に「平城上皇の変」(「薬子の変」)を起こしたとされる平城天皇、九世紀後半に宮中で殺人事件を起こして廃位されたとされる陽成天皇、数々の狂気説話が伝わる十世紀後半の冷泉天皇、そしてこれまた数々の異常なエピソードに彩られている十世紀末の花山天皇について、それぞれの皇統問題と政治状況を考えることによって、彼らの「狂気」の実態に迫る。

これらの作業によって、平安時代、ひいては古代の日本の政治の様相と時代背景が見えてくるのである。彼らは当時の基準から見ても、けっして「狂って」いたわけではない。しかも彼らの「狂気」を伝える史料は、多分に政治的な色彩が濃いものだったのである。

なお、これから挙げるほとんどの天皇の「狂気説話」が語られるのは、彼らの青年期のことである。当時はほとんどが幼年期に即位したのであるから、当然と言えば当然であるが、この事実と、現代でも統合失調症が発症するのが、通常は十代後半から二十代前半にかけてであると指摘される(岩波明『どこからが心の病ですか?』)こととの関係はあるのであろうか。また、ストレスによって症状が悪化することは珍しくないとされるが、そのことと天皇としての日常生活との関連はあるのであろうか。

この本ではこれらの天皇が本当に「狂って」いたとは考えない立場を取るが、それでも一応、彼らの年齢の問題、またストレスの問題は、考慮に入れておかなければならないであろう。

一言、付言しておきたい。平安時代の天皇の「狂気」について、遺伝的な要素が無責任に語られることが多い。特に冷泉と花山（および為尊・敦道親王）・三条（および敦明親王）について、それは顕著に見られる。これは精神病と遺伝との関係が結び付けられていた時代（実母からの精神病の遺伝に怯えていた芥川龍之介を想起すればいい）の産物であろうが、それを無限定に過去の歴史的人物に適用するというのは、あまりにも非科学的な態度というものであろう。彼ら天皇の行動が、実際には「狂って」いたことを示すわけではなく、なおかつ政治的な作為を以て作られた史料で語られた行動であってみれば、なおさらである。

現代医学では、精神疾患の遺伝因子解明の研究は、まだまだ緒についたばかりであり（内因性精神病が早発性痴呆と躁鬱病に二分されてまだ百年あまり、ヒトの染色体が二十三組四十六本であることが確認されてたかだか六十年しか経っていないのである）、精神疾患の分子遺伝学的な研究はまだ十分な成果をあげていない状態である（浅井昌弘他編

『精神疾患と遺伝』）。統合失調症に一定の程度は遺伝的要素が関連することが示されるとはいえ、遺伝的要因は絶対的なものではなく、それ以外の要素の関連の方が第一義的とされているのである。軽々に冷泉と花山との「遺伝的狂気」を云々するのは、それこそ後一条天皇の即位の正統性と道長家の栄華の正当性を主張する『大鏡』的歴史観の陥穽に落ち込んでしまっていると言わねばならないであろう。

それでは、時代を追って、四人の天皇の実像と、「狂気」の実態を考えていくことにするが、その前に、極端なサンプルとして、六世紀の倭王権時代に在位したと『日本書紀』が伝える暴虐な大王（天皇）について語ってみることにしよう。その大王のどう考えても史実とは考えられない異様な暴虐行為を、古代の王位継承や権力闘争とからめて考えることによって、平安時代の「狂気」の天皇の実態に迫るヒントが得られるからである。

序章　武烈天皇の暴虐と新王朝

武烈天皇の暴虐記事

今からおおよそ千五百年ほど前、「しきりに多くの悪業を行われ、一つの善業も修められなかった。およそすべての酷刑で、ご自分でご覧にならないものはなかった。国内の人民はみな恐怖に震えた」（即位前紀）と称された大王がいたと、正史である『日本書紀』は伝える。この大王の行なった暴虐行為は、次のようなものであったと列挙されている。

a. 妊婦の腹を割いて、その胎児をご覧になった。（二年九月条）

b. 人の生爪を抜いて、山芋を掘らせられた。（三年十月条）

c. 人の頭髪を抜いて、梢に登らせ、樹の根本を斬り倒して、登っていた者を落して殺すのを楽しみとされた。（四年四月条）

d. 人を池の堤の樋に伏せて入らせ、外に流れ出るのを、三叉の矛で刺し殺すのを楽しみとされた。（五年六月条）

e. 人を樹に登らせ、弓で射落してお笑いになった。（七年二月条）

f. 女を裸にして平板の上に坐らせ、馬を面前に引き出して交接させた。女の陰部を見て、潤っている者は殺し、潤っていない者は召しあげて官婢とし、これを楽しみとされた。

この頃に、池を掘って大きな園を作り、鳥や獣を盛んに飼った。また狩を好み、犬を走らせて馬と競わせられた。出入りは時を選ばず、大風・大雨もかまわれなかった。

衣服は温かくして、人民の凍えることを忘れ、食事は美味で天下の飢えることを忘れられた。大いに道化・俳優を用いて華やかな音楽を奏で、珍しい遊戯を催して、亡国の歌謡をほしいままにし、昼夜の別なく宮人と酒に溺れ、錦繍を敷物とされた。衣服に綾や白絹を用いた者が多かった。（八年三月条）

まるで中国の王朝末期の皇帝や古代ローマ帝国の暴君のようであるが、いったい我が国において、このような猟奇的で暴虐な君主が、実際に存在したのであろうか。

暴虐記事の史実性

実は武烈天皇の暴虐記事の史実性については、漢籍の引用による作文と、日本古来の「国つ罪」との関連による作文の可能性が指摘されている（大脇由紀子「武烈天

皇　矛盾に満ちた記述で描かれた猟奇的な恐怖の天皇」）。

ａの妊婦の腹を割いた話は、『呂氏春秋』先識覧（高誘注）の「孕婦を刳いて、其の胞を観る」とほぼ同文だし（『太平御覧』巻八三・巻三七一にも見える）、ｂの生爪を抜いた話は、『延喜式』祝詞・大祓詞に「国つ罪」の一つとして見える「生膚断」と同趣の話である。

ｃ・ｄ・ｅ・ｆについては、漢の江都易王建（武帝の甥）の行状など、中国の古典に類似する記事が見られる。おそらくは『日本書紀』編纂時に伝えられていたいずれかの中国の古典を基にしていたのであろうと推察できる。

ｆの遊興に関しては、『古列女伝』の弁通伝「楚処荘姪」や孽嬖伝「夏桀の末喜」「殷紂の妲己」「周幽の褒姒」に類似の文章がある。『芸文類聚』布帛部・綾に見える殷の紂王のいわゆる「酒池肉林」伝説とも類似している。「交接」が馬同士を交接させたのではなく、女と馬を交接させたのならば、『延喜式』祝詞・大祓詞の「国つ罪」の中の「畜犯罪」や『古事記』仲哀段の「国の大祓」に見える「国つ罪」の「馬婚」にあたる。

要するに、『日本書紀』に並べ立てられた武烈の暴虐記事は、中国の古典に記された暴虐記事や、日本古来の「国つ罪」を犯した記事として、作文されたものである可能性が高い。

泊瀬列城宮伝承地（奈良県桜井市出雲の十二柱神社）

一方、『日本書紀』と同時期の史書である『古事記』の武烈天皇の箇所には、

> 小長谷若雀命（武烈）は長谷の列木宮にいらっしゃって、天下を治めること八年であった。この天皇は、太子がなかった。それで御子代として、小長谷部を定めた。御陵は片岡の石坏岡にある。

としか記事がなく、その暴虐行為については何も書かれていない。一方では、先ほど挙げた『日本書紀』の即位前紀でも、

> 成人されると刑罰の理非の判定を好まれ、法令に通じ、日が暮れるまで政務を行ない、隠れた冤罪も必ず明

らかにし、訴えを断じても道理にかなっておられた。
という、およそ暴虐記事とはかけ離れた真面目な為政者像も語られているのである（こちらも『芸文類聚』帝王部・漢明帝と同文ではあるが）。

武烈天皇の実在性と皇統

何故にこのような作文が『日本書紀』において行なわれたかを考えてみよう。そもそも、武烈の和風諡号（おくり名）は、「小泊瀬稚鷦鷯天皇」というもので、きわめて個性に乏しい。「小泊瀬」は雄略天皇の「大泊瀬」、「稚鷦鷯」は仁徳天皇の「大鷦鷯」の裏返しである（「武烈」という漢風諡号は奈良時代後半に作られたもの）。『日本書紀』の即位後の記事も、継嗣がなかったので名代として小泊瀬舎人を置いたという記事と、百済との外交記事を除けば、先に挙げた暴虐記事で占められているのである。

この謎を解く鍵は、当時の大王位継承にある。『日本書紀』によれば、応神―仁徳に始まるとされる王統は、倭の五王の最後の人物である大泊瀬幼武（雄略）の死後、病弱な白髪武広国押稚日本根子（清寧）が嗣ぎ、その後は播磨で「発見」された弘計（顕宗）・億計（仁賢）が続いて大王位に就き、億計の王子である小泊瀬稚鷦鷯（武烈）が嗣いだものの、子がなかったために絶えてしまったことになっている。

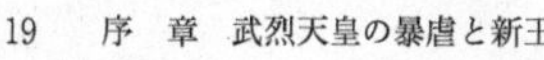

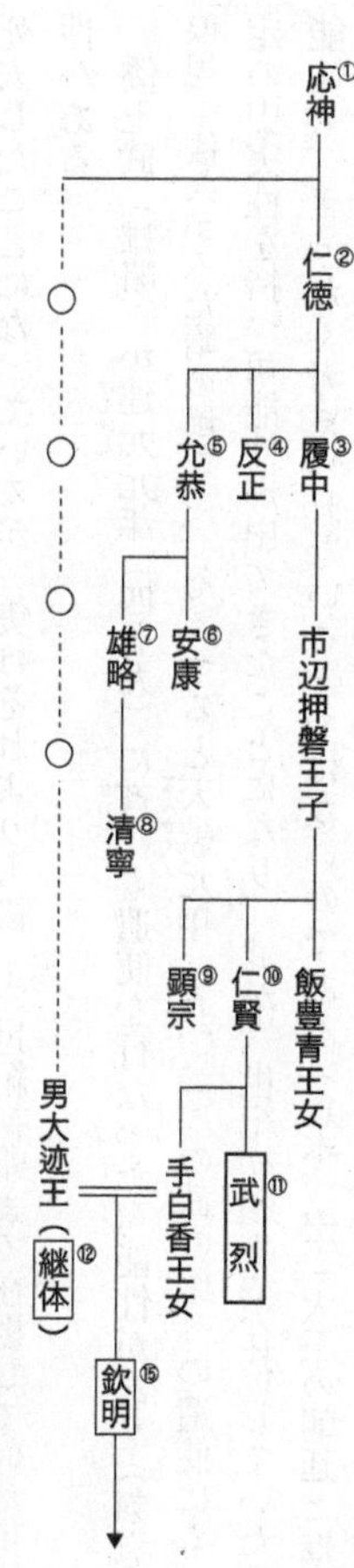

（丸数字は記紀による即位順）

そして王統の断絶という危機に直面した倭王権は、『日本書紀』の年紀によると五〇七年、越前（『古事記』では近江）から男大迹王を迎え、前王統の手白香王女との婚姻により、いわば倭王権への婿入りという形で即位させ（継体）、この危機を乗り切ろうとした。

たとえ男大迹王が誉田（応神）の五世孫であるという主張が事実であったとしても（事実ではないと思うが）、伝説上の王である誉田（応神）の子孫を称したからといって、大倭から遠く離れた北国から迎えられた大王というのは、それまでの王統と血縁的に連なる者という認識は、当時の人々はもちろん、『日本書紀』編者にもなかったであろう。

このようなことが起こり得たのは、実は血縁原理による王権継承が導入されたのが、せいぜい大泊瀬幼武（雄略）かその前の穴穂（安康）と、まだ間がないことによるものであった。「大王家」などと称される高貴な血縁集団は、いまだ成立途上だったのである。

この系図に示した「履中」や「允恭」などは、お互い血縁関係を持たない間柄であった可能性が、きわめて高い。大和盆地や後に「畿内（ウチツクニ＝内国）」と呼ばれることになる地域の大首長が、持ち回りで王位に就いていたというのが、倭王権成立以来の姿だったのであろうが、しかしそれにしても、北国出身の男大迹（継体）という存在は、きわめて異質なものであったはずである。

大泊瀬幼武（雄略）は記紀では即位二十三年（単純に西暦に換算すると四七九年）に死去したことになっているが、実はそれよりも後、六世紀初頭まで在世していた可能性がある。

倭王武（雄略）が建元元年（四七九）に斉にも遣使を行なった可能性があり（氣賀澤保規「倭人がみた隋の風景」）、そうすると天監元年（五〇二）の武の梁への遣使にも一定の史実性を持つ可能性が出てきたことになり、武が六世紀初頭まで在位していた可能性も、まったく考えられないことではないのである（倉本一宏「大王の朝廷と推古朝」）。

大泊瀬幼武（雄略）がそれほど長命であったかと疑う向きもあるであろうが、そもそも大泊瀬幼武（雄略）が何年に即位したかも正確にはわからないのである。六世紀初頭に大泊瀬幼武（雄略）が死去した後、殯の期間である数年の空位を経て、男大迹（継体）が即位したということも、十分に考えられる。

何とかして男大迹（継体）という、異常にしてその後の大王や天皇の直接的な始祖である人物の正統性を主張しなければならない『日本書紀』編者は、大泊瀬幼武（雄略）の崩年を五世紀末に遡らせ、大泊瀬幼武（雄略）と男大迹（継体）との間に、実在性の乏しい四人の「大王」を創作したものと考えられる。生まれながらに白髪で子のなかった白髪武広国押稚日本根子（清寧）、播磨で「発見」された弘計（顕宗）・億計（仁賢）の兄弟、そして暴虐で子のなかった小泊瀬稚鷦鷯（武烈）の四人である。

特に畿外（トックニ＝外国）の播磨から入った弘計（顕宗）・億計（仁賢）が即位したと主張するのは、越前から迎えられた男大迹（継体）が即位することの伏線の意味を持つものと思われる。なお、二人は元々の物語では同一人物だったものと考えるべきであろう。

また、無道の君主である小泊瀬稚鷦鷯（武烈）によって王朝が滅び、有徳の君主が新たに王統を創始するという論理は、中国の易姓革命の思想に基づくものであり、『日本書紀』編者も男大迹（継体）に始まる王統を新王朝と認識していたことになる。

武烈天皇暴虐記事の意味

つまり、暴虐記事がちりばめられた小泊瀬稚鷦鷯（武烈）の記事は、男大迹（継体）新王朝成立の正統性を主張するための作文であり、小泊瀬稚鷦鷯（武烈）自体の実在性も乏しいということになる。

当時は前大王の死後に空位期間が生じるのは当たり前のことであり、常に大王が位にあるべきであるという観念も成立していなかったものと考えるべきである。実際には大泊瀬幼武（雄略）で王統は断絶していたのである。そういえば、大泊瀬幼武（雄略）も『日本書紀』では「大悪天皇」として描かれるが、これも王統断絶の伏線なのであろう。

『史記』に描かれた中国の易姓革命とは、堯帝の時代の大洪水を治めた禹が夏王朝を創始したものの、十七代の桀王は王妃の末喜を溺愛した暴君だったので、殷の湯王に滅ぼされることから始まる。しかしその殷も、紂王が暴虐な独裁者で、日夜、酒色に耽ったので、周の武王が滅ぼすという風に、連綿と受け継がれていく。

中国の皇帝は天帝から天命を承け、地上の支配を委任されるというのが支配の論理なのだが、統治がうまくいかないと、天命が他の者に代わり（革命）、その者が皇帝となって新たな王朝を創始するというものである（左の図参照）。実際には、新王朝の創始者が、前王朝を滅ぼして新しい皇帝を名のり、天帝の天命がこちらに移ったと主張すると共に、前王朝最後の皇帝は異常な暴君であったという伝説を作り上げるだけの話なのであるが。

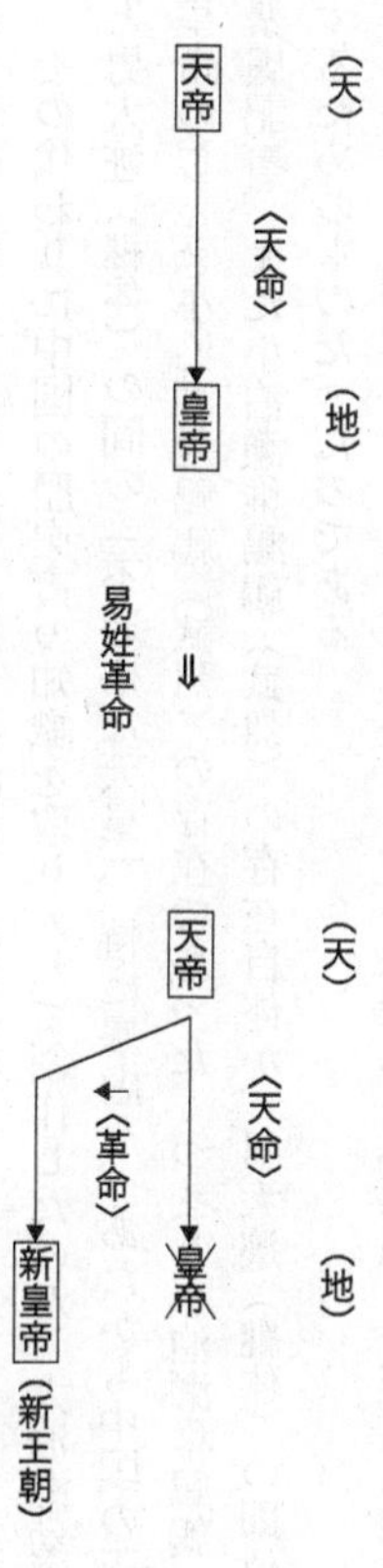

日本の古代国家は、この易姓革命の思想を導入せず、代わって皇祖神（天照大神）の子孫（瓊瓊杵尊）が地上に降臨し、その子孫が大倭に入って神武天皇として即位し、その子孫が天皇位を嗣いでいくという、血縁による天皇位継承を主張した。大泊瀬幼武（雄略）や男大迹（継体）よりもかなり後、おそらくは七世紀末に成立した論理であろう。持統天皇や藤原不比等の関与が想定される。

（高天原）　　　　　　（高千穂）　　　　　　（大倭）
天照大神―天忍穂耳尊―瓊瓊杵尊―彦火火出見尊―鸕鷀草葺不合尊―神武天皇→歴代天皇

しかし、神日本磐余彦（神武）以来、連綿と一系万世の天皇を創作してきた『日本書紀』編者ではあっても、さすがに男大迹（継体）にだけはその主張を貫徹するわけにはいかなかったのであろう。一応、誉田（応神）の五世孫であるとしてはいるものの、誉田（応神）と男大迹（継体）の間の人名は創作しきれないでいる。

その代わりに中国の歴史書の知識を取り入れて創作したのが、大泊瀬幼武（雄略）と男大迹（継体）の間の「不適格な天皇」、特に暴虐な、あたかも中国の王朝最後の皇帝のごとき小泊瀬稚鷦鷯（武烈）の存在であった。つまり小泊瀬稚鷦鷯（武烈）の暴虐記事、また小泊瀬稚鷦鷯（武烈）の存在自体が、男大迹（継体）の即位を正当化するためのものだったのである。

長々と古い時代の話をしてしまったが、平安時代の「狂気」の天皇に関する図式は、実は小泊瀬稚鷦鷯（武烈）の場合と本質的には何ら選ぶところはない。自分たちの政治的繁栄に邪魔な天皇は「狂気」であったことにして、自分たちに政治的に都合のよい天皇を擁立し、自らはその背後で政治権力を振るう、そして彼らの「狂気」説話を作り上げるのである。

それでは、時代を追って、平安時代の四人の天皇の実像と、「狂気」の実態を考えていくことにしよう。

第一章　平城天皇と「薬子の変」

平城天皇は、平安時代初期に在位した天皇である。一般には、病がちですぐに同母弟の神野親王（嵯峨天皇）に譲位して平城京に移り、藤原薬子を寵愛したうえに、重祚（再び天皇位に即くこと）をはかって「二所朝廷」を現出させ、平城京への遷都を宣言して挙兵したものの失敗して出家した天皇という芳しくない認識が広まっているのではないだろうか。

もう四半世紀以上も前のことになってしまったが、昭和天皇が亡くなって新元号「平成」が発表された瞬間、テレビの生放送で感想を求められた私の指導教官が、「平成というと平城天皇が思い浮かぶ」と発言してしまったことを思い起こす。それほどに平城というのは不吉なイメージを持つのである（その後の平成日本の行く末については周知のとおり）。

近年では、「薬子の変」と呼ばれていた政変も、その首謀者は平城太上天皇であるとして、これを「平城上皇の変」と称することが主流となっている（北山茂夫「平城上皇の変についての一試論」、佐藤宗諄「嵯峨天皇論」、橋本義彦「〝薬子の変〟私考」、佐藤信「平城太上天皇の変」）。

研究者の間でも、平城に対する評価は、概して厳しいものが目立つ。いわく、「寵妃藤原朝臣薬子の女色に誤られて、朝臣の信望を失い、内乱によって一切の政治的業績を御破算にしたので、暗愚の人君と目すべき最上の条件を身に備えた」（目崎徳衛「平城朝の政治史的考察」）、いわく、「平城天皇は病弱かつ神経質な性格であって、王権を代表し、皇族や貴族層を統御していくだけの資質に欠けていた」（笹山晴生「平安初期の政治改革」）などである。

学界の泰斗の大先輩たちにこう言われると、それこそ暗愚な私などは、平城は愚帝の代表であるかのように考えてきたのであるが、何人かの天皇のことを調べた今となっては、これくらいの天皇はいくらでもいるのではないかと考えるようになってきている。もちろん、起こしてしまった政変の重大性とかは別として、天皇としての資質の問題である。

最近では、春名宏昭氏による平城の優れた伝記も発表されたりして（春名宏昭『平城天皇』。以下、春名氏の説はすべてこの書による）、平城再評価の気運も高まってきている、かといえばそのようにも見えない。つくづく気の毒な天皇である。

気になるのは、「風病」と呼ばれる平城の「病」が、精神疾患のイメージで語られる傾向についてである。たとえば目崎氏は、平城の風病は、「正常な判断力・活動力を喪失させる慢性病」であり、「強度の躁鬱病」と「診断」され、しかも祖父である光仁天皇との隔世遺伝とまで断じられている（目崎徳衛「平城朝の政治史的考察」）。橋本氏も同様、平城の風病は「神経系疾患の一種で、いまでいう躁うつ病に近いものであろう」との「診断」を下されている（橋本義彦「〝薬子の変〟私考」）。

はたしてこのような「診断」は、的を射たものなのであろうか。いわゆる「薬子の変」の実態も含め、まずは平城について考えてみることにしよう。

1　平城天皇の治世と「薬子の変」の実態

平城天皇と皇統

平城天皇は、山部親王（後の桓武天皇）が皇太子となった翌年の宝亀五年（七七四）八月に第一皇子として誕生した。母は後の皇后で藤原良継の女の乙牟漏。諱は小殿王であったが、後に「貴」に通じる安殿に改められた。延暦四年（七八五）に皇太弟の早良親王が廃された後を承けて、十二歳で立太子した。父が天皇、母が皇后という血縁を持つ男性の皇太子は、律令制成立後はじめての例である（赤子で立太子した聖武天皇の基王を除く）。大同元年（八〇六）三月十七日の桓武の死去を承けて践祚（天皇位を嗣ぐこと）した。時に三十三歳。この時点では、平城は桓武に始まる皇統の、紛う方なき嫡流であったと言える。同母弟の神野親王（後の嵯峨）を立てて皇太弟とした。

まずは当時の皇位継承構想を考えてみよう。春名氏によれば、桓武は父系にも母系にも自分の血を引く天皇の出現を望んでおり、平城と大宅内親王・朝原内親王との間の皇子誕生を期待していた。二人の内親王が皇子を生さなかった場合には、藤原式家の百川の女である帯子所生の皇子が皇位を嗣ぐのが第三の選択肢であったという。

特に平城と朝原との婚姻は、奈良時代の直系皇統（聖武）の権威の継受を意図したものであり、皇位継承権に正当性を獲得しようとしたものであった（河内祥輔『古代政治史における天皇制の論理』）。天武系・天智系を統合した新たな嫡流皇統の創出というわけである。

しかし、大宅内親王・朝原内親王・藤原帯子から平城皇子の誕生はなく、平城は身分の低い葛井藤子（河内国の百済系渡来氏族出身）や伊勢継子（伊勢国の中臣氏出身）から皇子を誕生させた。春名氏は平城が桓武の意図に頓着せず、好みの女性だけを近付けた結果と考えられるが、これは好みの問題だけでなく、后妃の懐妊の「可能性」を選別した、平城の政治的選択と見るべきであろう。

その意味では、この段階で、平城は桓武の、また藤原氏の皇位継承構想に反旗を翻したことになる。特に藤原薬子の女や、薬子自身を「寵愛」するに至っては、それが実際に起こったことであるかどうかはさておき、安定した皇位継承をはかるという、天皇としての最大の責務を放棄したことになる。平城が支配者層の離反によって皇統から排除された最大の原因は、嫡流の皇統を創出することができなかった、あるいは拒絶したことに求められよう。渡来系氏族や地方豪族出身のキサキが産んだ親王に皇統を嗣ぐ資格はなく、平城はやむなく同母弟の神野（後の嵯峨）を皇太弟とした。皇統創出の責務は嵯峨に託されたのである。

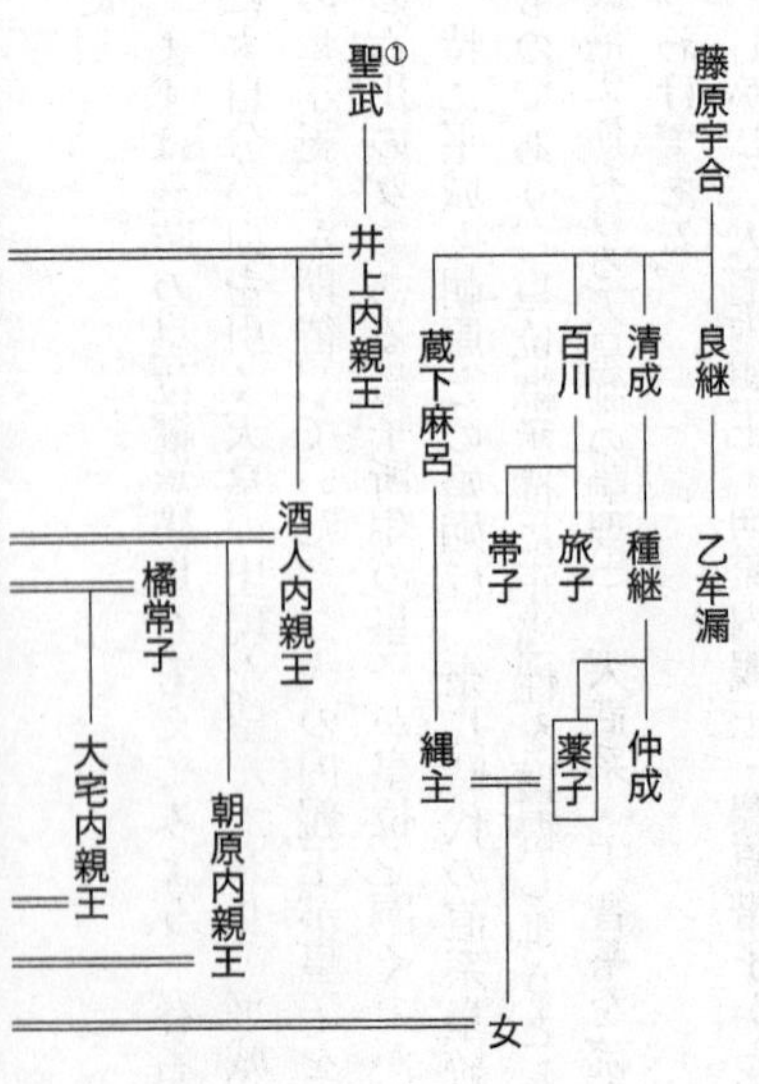

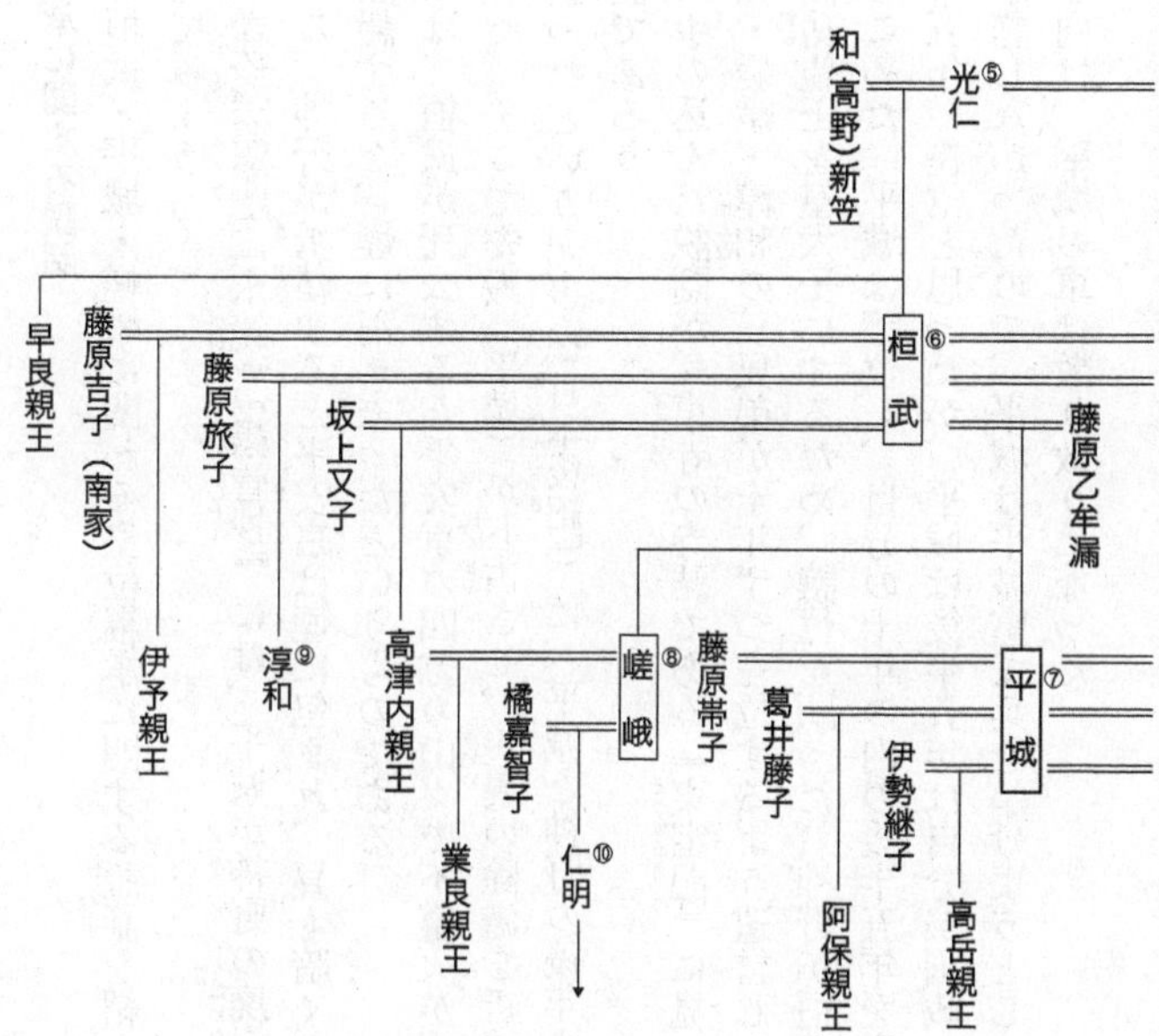
光仁⑤
和(高野)新笠
桓武⑥
早良親王
藤原吉子(南家)
藤原旅子
坂上又子
藤原乙牟漏
平城⑦
嵯峨⑧
伊予親王
淳和⑨
高津内親王
橘嘉智子
藤原帯子
葛井藤子
伊勢継子
業良親王
仁明⑩
阿保親王
高岳親王

(丸数字は即位順)

皇位継承に関する説話

ここで桓武・平城・嵯峨に関わる皇位継承に関する説話を紹介し、その史実性について考えてみよう。

まず、『扶桑略記』『水鏡』『愚管抄』には、平城が神野の廃太子を謀ったという説話が見える。神野が祈禱すると平安京は煙に包まれ、昼も暗くなってしまう。そこで平城が陳謝すると、煙は消え去ったというものである。

実際には、桓武が死去すると平安京の四方の山々で不審火が相次ぎ、昼でも暗い状態となった。そこで安殿（平城）が卜占させ、災異の除滅を祈禱すると、たちまち火が消え去ったという記事（『日本後紀』）に、平城と神野の後年の関係を付会して造作した説話であろう。

さらに手の込んだ説話が、東寺の寺誌である『東宝記』に見える。桓武が臨終に際し、平城・嵯峨・淳和の三兄弟が十年ずつ在位するよう遺言した。平城は自分の皇子である高岳親王を皇太子にするため、譲位を願った。神野が桓武廟に詣でて訴えると、霧が立ちこめた。平城は譲位し、自分の十年の内の後半五年を嵯峨に譲った。嵯峨は自分は十五年の在位と思ったが、平城は後半五年は自分が国政を執ると言い出した。嵯峨は嵯峨が承諾しなかったので、平城は平城宮で兵を挙げようとしたが、嵯峨は平城宮に兵を差し向け、平城の軍は散り散りになった。

これらは明らかに、後に起こった「薬子の変」を意識して、その発端を面白おかしく造作したものと考えて間違いなかろう。天皇の在位に年限を切るなど、およそ考えがたい。

平城天皇に関する史料

ついでに、平城に関する史料の問題を説明すると、平城に関する史料は少なく、平城の人物像や評価は、ほとんどが『日本後紀』に依拠して組み立てられている。『日本後紀』は、弘仁十年（八一九）に嵯峨天皇の命によって編纂が開始され、嵯峨太上天皇の最晩年である承和七年（八四〇）もしくは八年に完成した。天皇の命によって編纂された正史であるから、その信憑性も高いかというと、そういうわけにもいかない。

古代国家や天皇支配の正当性を強調するために編纂された『日本書紀』はもちろん、その後の『続日本紀』以降の正史も、多分に政治的色彩を帯びて編纂されたものなのである（中西康裕『続日本紀と奈良朝の政変』、遠藤慶太『平安勅撰史書研究』）。正史というのは「正しい歴史書」という意味ではなく、「編纂時の王権（または政権）にとっての公式な歴史書」という意味なのである。

春名氏が述べられたように、嵯峨の功績を強調すれば、相対的に平城の影が薄くなる。また、桓武朝の負の遺産は嵯峨に背負わせたくないから、必然的に平城が背負うことになる記述が多くなるというわけである。『日本後紀』における平城に関する記事は、その点を十分に考慮したうえで読み解く必要があるのである。

仲成（なかなり）と薬子が父種継（たねつぐ）の名誉回復をはかり、かつて祟（たた）りを恐れた桓武が『続日本紀』から削除していた早良親王と種継暗殺事件の記事を、桓武の没後に元通りに挿入したことがある。同じようなことが、『日本後紀』における平城（と仲成・薬子）の身の上にも起こっていると考えなければならない。

平城天皇の治世

それでは、主に春名氏の研究に導かれながら、平城の治世を眺めてみよう。

まずは即位直後の大同元年（八〇六）五月二十四日、平城は六道観察使（ろくどうかんさつし）を設置した。これは桓武朝の政策を転換して光仁天皇の政策を高く評価した画期的な組織で、参議（さんぎ）が六道ひとつずつを担当し、地方の実情を把握しようとしたものである。平城が並々ならぬ意気込みで設置したものとされるが、皇太子時代から思い温めていた構想だったのであろう。

この年の十月以降、観察使の奏言（そうげん）を承け、地方社会の再建に関わる積極的な施策が行なわれた。特に、民衆の負担軽減に関わる政策、財政を健全化しようとした政策が目を惹く。

その一方では、閏六月には、桓武が置いた勘解由使を廃止している。余計なものは不要であるとの発想によるものであろうが、政治の現場に携わる人々の感情は、また別のものである。

勘解由使くらいならまだよかったのであるが、大同二年（八〇七）四月には、参議を廃止し、観察使のみとした。これは太政官組織にとっての危機であり、特に公卿と称される上級貴族の動揺と反発は想像に余りある。公卿議定に参与する議政官から地方情勢を把握するに過ぎない地位への転換は、ほとんどすべての参議にとっては、地位の低下と認識されたことであろう。

後に述べる事情によって大同四年（八〇九）四月に平城が退位し、嵯峨が即位すると、嵯峨は観察使に国司を兼任させてその地位を低下させ、弘仁元年（八一〇）六月には、平城太上天皇の詔というかたちで観察使を廃止した。これによって、桓武朝に近い政治方針に戻ったわけで、地方行政は国司に委ね、中央政府は書類審査のみを通じて国司の監察を行なうという、後の受領功過定と受領請負制につながる、国家の分岐点であったと、春名氏は分析する。

また、平城は大同元年七月から廃止諸司の改編を積極的に行なった。不要な官司は必要ないという、至極当たり前の発想であるが、それを実行することがいかに困難であるかは、少しでも組織に属したことのある方ならば、容易に察せられよう。

また、大同二年八月には、公卿・衛府の長官を侍従に任命し、特定の官人と強固な関係を結び、それを前提として官僚機構全体を統御しようとした。しかし、このような措置は、「特定の官人」以外のほとんどの官人には、大きな反発を生じさせたことであろう。

大同三年（八〇八）に入ると、全般的な諸官司の併省が、文官から武官まで幅広く行なわれ、多くの官司が整理統合された。のみならず、官員の増減、給与体系の再構築、大学入学の義務化などの措置が命じられ、官人体系そのものが大きく動揺することとなった。

平城としては、無駄を省き、官僚組織を効率化することを目指したのであろう。しかしながら、天皇は支配者層全体の利害を体現するために存在する。このような「やる気のあり過ぎる天皇」が、貴族社会から浮き上がり、やがて悲惨な末路をたどることは、後に花山天皇や三条天皇が再現することになる。

平城天皇の譲位

このような雰囲気のなか、大同三年の春から病悩していた平城は、大同四年四月一日、突然に皇太子神野に譲位した。この時に病んでいた「風病」については後に述べるが、平城が精神的な疾患があって国政を怠りがちになっているため、天皇としては不適任だと評価する考え方については、ここでも否定しておきたい。春名氏が指摘されるように、それは平城の業績を否定しなければならず、また正統な平城の皇統を結果的に断絶させた嵯峨朝以後の政権によって植え付けられた印象だったと言える。

春名氏によれば、譲位しても太上天皇として国政に関与できたこと、さらにこの時点では神野との関係に問題はなく、政権運営を基本的に嵯峨天皇に委ねても不満を抱くようなことは起こらないだろうと判断したことによって、平城は躊躇せず譲位に踏み切ったのである。

それに加え、自身の皇子である高岳親王を嵯峨の皇太子に立てるために、早期に譲位を行なったという側面もあるのであろう（河内祥輔『古代政治史における天皇制の論理』）。後に懐仁親王（後の一条天皇）を立太子させるために譲位した円融天皇や、敦明親王を立太子させるために譲位した三条天皇のケースと同じである。病悩が重くなってから譲位しても、新東宮の選定に影響力を振るえないという判断から、まだ元気なうちに譲位して、自分の皇子を皇太子に立てさせるという判断だったものと思われる。四月十三日に即位式を挙げた嵯峨は、翌十四日に高岳を皇太子に立てた。この時点では、平城の思惑は実現しかかっていたことになる。

譲位した平城は四月二日に東宮（東院）に移御した後、病気回復を願って居処を五回（実質的には東宮と右兵衛府の二箇所）替えて体調の回復につとめ、十一月に平城旧宮に離宮（太上天皇宮）の用地を占定し、十二月に平城宮に遷幸した。現在、復元された「第一次大極殿」の建つ地である。

なお、難波宮が置かれて以来、古代日本では主都と副都が併存するのが通常の姿であった。もちろん、中国の長安と洛陽に倣ったものである。長岡京に至って二つの都が統合されたのであるが、ここに二つの宮が併存するようになるのも、それほど不自然な事態ではなかったのである。平城自身も、即位の後、大同二年に公卿から「新宮」を建てることが「国家の恒例」であるとして、遷宮を要請されている。

「薬子の変」の発端

この間、嵯峨も七月から体調を崩し、大同二年に謀叛の疑いで幽閉されて服毒死した伊予親王や、早く延暦四年（七八五）に廃太子されて絶食死した早良親王、さらには平城や嵯峨の生母である藤原乙牟漏の霊を鎮撫する措置がとられている。嵯峨の恐怖の対象がよくわかる。

翌弘仁元年になっても嵯峨の病悩は回復せず、元日朝賀は行なわれなかった。そして三月、嵯峨は蔵人所を設置し、嵯峨の勅令を（薬子などの女官を介さず）直接に太政官組織に伝える態勢を整えている。

平城宮「第一次大極殿」

七月十九日に至り、嵯峨は内裏を出て東宮に遷御した。同時に平城に神璽を返し、退位しようともしていることを、後の淳和への譲位詔で語っている。これを平城が真に受けたとすれば、それから後の平城の行動も嵯峨の要請を承けたものであることになり、「薬子の変」に対する評価も、通説とは随分と異なるものと考えなければならないであろう。

この七月十九日から九月六日までの平城と嵯峨の動静は、『日本後紀』が残っていないため、不明である。そして九月六日、平城は平城旧京への遷都を号令する。

これに対し嵯峨は、九月十日、遷都によって人々が動揺するというので伊勢・美濃・越前の三関を固め、宮中を戒厳下に置いた。そして仲成を拘禁し、薬子と仲成の罪状を詔として読み上げ、薬子を官位剥奪・宮中追放に処し、仲成を佐渡権守に左遷した。なお、この時の薬子の罪状の一つとして語られているのが、平城と嵯峨の間で政権を分裂させ、「二所朝廷」の状態としたというものである。

「薬子の変」の首謀者

かつてはこの政変の首謀者を平城に帰するわけにはいかないという判断から、「薬子の変」と呼ばれていたが、橋本義彦氏以来、やはりこの政変の責めは平城が負わねばならないとの考えから、「平城上皇の変」と呼ばれることが多くなってきたことは、先に述べた。

しかし、春名氏は、この事変の本質を、嵯峨天皇の政権が平城太上天皇の専制的な国政運営を押し止めるために起こしたクーデターであると断じ、真の罪人が平城ということは、論理的に成立しないことを明確に論じられた。

そもそも春名氏によれば、太上天皇という地位は、(天皇と並んで)国家の主人、国家の所有者であるから、平城太上天皇がどのような国政運営を行なおうが、それを押し止めることなど誰にもできない。したがって、歯向かってはならない平城に歯向かった嵯峨側の行為こそ、クーデターと呼ぶしかない。クーデターを起こした嵯峨の政権としては、自分たちが悪者になるわけにはいかないから、どうしても代わりの者が必要である。平城に責めを負わせるわけにもいかないから、薬子と仲成が悪の張本に祭り上げられたというわけである。

考えてみれば、天皇を政治的に後見するのが太上天皇の本来の姿であったはずであるから、太上天皇の方から天皇政権に対して、クーデターを起こすということはあり得ない事態である。この事変の首謀者をあえて求めるならば、それは嵯峨の方であったというのは、正鵠を射た推論である。ただし、当時、嵯峨自身は病に臥せっていた。嵯峨天皇の名の下に嵯峨の朝廷を動かしたのは、むしろその周辺にいた政治勢力であったと考えるべきであろう。

「薬子の変」の顚末

平安京政権の動きを知った平城は激怒し、諸司・諸国に軍事防衛態勢を取るよう命じると共に、畿内と紀伊の兵を徴発して、十一日の早朝に東国に赴こうとした。春名氏は、東国で態勢を立て直し、武力で平安京政権を打倒しようとしたのではなく、藤原広嗣の乱に際し伊勢神宮に行幸し、行幸途中で乱が鎮圧された聖武天皇の故事を思い出し、伊勢に赴こうとしたと考えられている。

春名氏によれば、平城はクーデターを謀った嵯峨の命にこれほど多くの官人たちが従うとは想像もせず、平安京の動きはすぐに鎮圧されると思って疑わなかったのである。一方、嵯峨は坂上田村麻呂を美濃道に派遣すると共に宇治・山埼・与渡（淀）などの水陸交通の要衝に頓兵を配備し、拘禁していた仲成を射殺した。

翌十二日、平城の一行は大和国添上郡越田村（現奈良市北之庄町）で行く手を遮られた。平城は平城宮に引き返して剃髪、薬子は服毒自殺した。

というのが「薬子の変」の顚末である。もちろん、以上はすべて、クーデターに成功した嵯峨側の残した記録に基づく叙述である。

2　嵯峨皇統の確立と平安定都

皇太子の廃立

このようにして、いわゆる「薬子の変」は、あっけなく決着した。九月十三日、嵯峨は、平城の一行に従った官人の罪を不問にすると共に、皇太子高岳親王を廃し、皇太弟に大伴親王（後の淳和天皇）を立てた。もちろん、高岳には何の罪もないのだが、この迅速にして果断な処置が、この事変の本質を雄弁に物語っていると言えよう。

たしかに春名氏の考えられたように、平城は桓武の政策を否定する改革を実行していた。それに対し、嵯峨は基本的に桓武朝の政策を継承する姿勢を示した。官僚たちは桓武朝の政策を支持して平城朝の政策を拒否し、嵯峨や太政官首脳たちの総意として、平城太上天皇の国政運営を拒む「空気」が形成されていったことは事実であろう。官僚たちは単純に円滑な国政運営が望みであり、嵯峨を戴けばそれがたやすく実現できるが、平城がいる限りそれは無理なことのように思われたのであろう。

「薬子の変」の本質

しかし、これも春名氏が指摘するところであるが、事の本質は、あくまで皇位継承問題であった。病悩している嵯峨が譲位すれば、このままでは高岳が即位する。そうすれば、天皇の父として、平城はより大きな政治力を手に入れてしまう、と官人たちが考えたとしても不思議ではない。

嵯峨としても、高岳が即位した後の皇太子に自分の皇子を立ててくれる保証はなく、ここで平城の皇統を排除したうえで高岳に替えて弟の大伴を皇太弟に立てれば、その次に自分の皇子にまわってくる公算も高い。この事変には、病床にあったはずの嵯峨の思惑も見え隠れする。

また、平城の皇子たちは、いずれも地方豪族や渡来系氏族出身の卑母を持ち、畿内の支配者層に対しては、即位の説得力に乏しい。高岳を排除する理屈は、誰にも受け容れられやすいものだったはずである。

その意味では、かつて伊賀の地方豪族出身の卑母を持つ大友王子が天智の死後に即位することができず、壬申の乱で葬られた先例を思い起こさせる。平城が一見すると壬申の乱の際の大海人王子のルートをたどろうとしたように見えるのも、歴史の皮肉と言えようか。

ただし、何度も述べるが、これらの経緯は、すべて平城に不利な記事ばかりを集めて作り上げられた史料に基づくものである。これらによる平城像は、あくまで嵯峨の朝廷の政治的主張によって形成されたものなのである。

退位後の平城太上天皇と崩御

さて、三十三歳で即位して三十六歳で退位し、三十七歳で事変により政治力を喪った平城は、あと十四年、五十一歳までの時間を保った。

すべての罪は薬子と仲成に帰されたため、平城は政治生命は絶たれたものの、責任を問われることはなかった。平城はきわめて平穏な十四年の日々を送ったのである。ただし、平城宮には近衛少将や参議が常駐していたことからも窺えるように、何も政治的に動かなければ、という条件の下でのことであった。弘仁三年（八一二）には、妃であった朝原内親王と大宅内親王が妃の職を辞した。

弘仁十四年（八二三）四月に嵯峨が淳和に譲位すると、平城は淳和に書状を送り、

楊梅陵

太上天皇号を除き、日常生活費支出を止め、平城宮の諸司を停止するよう求めている。

そして天長元年（八二四）七月七日、平城は死去した。『日本後紀』は、「平城天皇（元は『先太上天皇』か）、崩ず」という記事を載せるのみである。九日に「日本根子天推国高彦」という和風諡号が奉上され、十二日に楊梅陵に葬られた（現奈良市佐紀町）。「平城」という漢風諡号が奉上されたのは、承和年間（八三四―八四八）のこととされる。

この楊梅陵というのは、江戸時代後期の蒲生君平以来、五世紀の倭王権盟主墳である墳丘長二五三メートルの前方後円墳（市庭古墳）の後円部のこととされるが、それ以前の元禄修築では六〇〇メー

楊梅陵と平城宮「第一次大極殿」

トルほど東北にある墳丘長二一九メートルのヒシャゲ古墳（現仁徳天皇皇后磐之媛命陵）に治定されていた。いずれにせよ、昔の古墳を山陵に使い回された天皇というのも前代未聞のことである。その日の『日本後紀』の記事には、次のような崩伝が載せられている。

天皇は識見や度量が奥深く、智恵や計略に勝れていた。天皇として親政を行ない、己に勝ち精神を奮いたたせて、無駄な国費を省き、珍奇物の貢物を停止した。法令は厳格に整えられ、その下で秩序がきちんと守られ、古の聖王にも劣らないほどであった。

しかし、生まれつき他人を妬み排す

ることが多く、人の上にいて寛容を欠いていた。即位の当初、弟伊予親王を殺し、多くの者が連坐した。当時の人々は刑の乱用であると論じた。その後、婦人（薬子）を寵愛し、政治を委ねるようになってしまった。牝鶏が時を告げるのは、家の滅びに他ならない。惜しいことである。行年五十一歳。天推国高彦天皇と諡した。

国家の主張が、「しかし」および「その後」以下にあるのは、言うまでもない。それ以前の褒め言葉が、『日本書紀』の武烈天皇の即位前紀に似ていることにも驚かされる。

その後、二十八日、国政に支障が生じるとの理由で、平城の喪に服することのないようにとの淳和の詔が宣せられた。

平城天皇の子孫

平城の子孫のその後にも少し触れておこう。

天長三年（八二六）以前に高岳親王の子、天長三年に阿保親王の子に在原朝臣が賜姓され、平城の子孫は臣籍に降下した。これで将来にわたって平城系は皇位継承を放棄させられたことになる。

高岳は出家して東大寺に入り、真如と名のった。貞観四年(八六二)に入唐、さらに天竺に向かい、貞観七年(八六五)に羅越国(マレー半島南端)で客死した。六十七歳。

阿保は「薬子の変」に連坐して、大宰権帥に貶流されたが、天長元年に平城の死去により帰京を許された。治部卿・宮内卿・兵部卿・上野太守などを歴任した。嵯峨上皇死去直前の承和九年(八四二)七月に春宮帯刀伴健岑の謀反を太皇太后橘嘉智子に密告し、「承和の変」の発端をつくった。同年十月に急死した。五十一歳。

阿保の第三子の在原行平は中納言に至ったが、それ以外は公卿に上ることはなかった。第五子に在原業平がおり、これも藤原良房のために立太子できなかった文徳天皇第一皇子の惟喬親王に接近し、清和天皇女御の藤原高子(陽成天皇の生母)や斎宮恬子内親王との関わりや、各地への放浪説話が『伊勢物語』に語られることとなる。

平城天皇の「病気」について

ここで平城の「病気」について述べておく。最初に触れたように、平城の「風病」がノイローゼや躁鬱病など神経に起因する精神疾患に関わり、それがその施政や「薬子の変」に影響したと考える傾向には、根強いものがある。

あれほど平城の再評価に努めた春名氏でさえ、平城は天皇としての重圧に精神的に少々まいっていたとし、職責の重圧から体に変調を来したと、精神疾患は否定されるものの、体調面の不調を想定されている。

　春名氏も指摘されるように、平城に精神的な疾患があり、天皇・執政者としては不適任だと評価する考え方は、平城の業績を否定しなければならず、また結果的に正統な平城の皇統を断絶させた嵯峨朝以後の政権によって植え付けられた印象であった。

　しかし、現代の歴史学までもが、この主張に付き合う必要はない。激務に伴う体調不良は誰しも経験するところであるし、全般的に不健康な人が多かった古代においては、多少の体調不良は、多かれ少なかれ日常的な出来事であったはずである。実際、嵯峨の方も長く病悩していたのであるし、桓武も心身共に健康とは言い難かったのである。

嵯峨皇統の確立

　さて、思惑どおりに平城とその皇統を葬った嵯峨とその朝廷であったが、その後は当初の予定どおりにはいかなかった。妃である桓武皇女の高津内親王は業良親王を産んだものの、後に妃を廃される。その理由は不明である。嵯峨の後継者となるはずの業良も貞観十年（八六八）に死去しているが、その薨伝には、「精爽が変易し、清狂で慧くなかった。心に得失の地を審らかにすることができなかった。飲食は常のとおりであったが、病無くして死んだ」とある。何やらきな臭い匂いのする母子の末路である。

結局、嵯峨は右大臣藤原内麻呂（北家）の女である夫人の緒夏からも子を成すことはなく、後継者である正良親王（後の仁明天皇）を産んだのは、何と橘氏出身の嘉智子であった。あの橘奈良麻呂の孫から生まれた仁明が、嵯峨皇統の嫡流となっていく。そして鎌倉時代初期に鴨長明が『方丈記』で、平安京に都が定まったのが嵯峨天皇の時代であったと回顧したように、平安京が「万代宮」の帝都の地位を確立した。また、嵯峨は太上天皇の地位に一定のけじめを付け、「父子の儀」を前面に押し出した「院」へと変貌させた。

一方、仲成たちの式家を没落させた藤原北家が急速に勢力を伸張し、政界制覇の道を直進した（以上、橋本義彦「〝薬子の変〟私考」）。内麻呂は一男の真夏を平城、二男の冬嗣を嵯峨に近侍させ、この政変がどちらに転んでも自家が発展することを期したのである。「薬子の変」と平城、そして真夏の退場によって、歴史は大きく転換し、平安王朝への道が切り拓かれることになった。

その道の下には、皇統を伝えることのできなかった嫡流の平城、そして出家して南方で（一説には「虎害」によって）命を落としたり、関東に東下りをせざるを得なかった子孫たちが累々と横たわっているのである。

平城天皇伝説

このようにして消えていったかの平城であったが、文学の世界では人々の記憶に生き続けた（久富木原玲「薬子の変と平安文学」）。久富木原氏によれば、まず、『古今和歌集』仮名序は、平城の時代を「平安京的なるもの」に対置される往古の時代の代表として捉えている。

> 歌は以上のように古代から伝わったのでありますが、特に普及したのは「ならの御時」からであります。その時の帝は歌の本質を深く理解しておられたのでありましょう。……
> かのような状態が帝も臣下も一心同体であったというのでありましょう。

君臣唱和の理念を体現させ、和歌の心を広めた理想的な時代として、平城の時代を描いている。同じく真名序でも、「かつて、平城天皇は側近の臣下に命じて、『万葉集』を編集せしめたもうた」と記述している。『大和物語』でも、平城は采女に慕われる聖帝として登場し、平城と嵯峨との仲睦まじい唱和が載せられる。さらに、『伊勢物語』は平城の時代、奈良の都から始まる。

後年には『源平盛衰記』が平城の熊野行幸伝説まで作っている。

このように、平城は伝説の主人公としての強烈なヒーローとして生き続けたのである。そしてその造形は、後世、次々と「悲劇のヒーロー」の後継者を生み出すこととなった。

第二章　陽成天皇の行状説話

陽成天皇も、種々の説話において、「悪君の極み」「物狂の帝」などと評されるなど、「暴虐」や「狂気」を以て語られる天皇である。その主な根拠は、

天皇の位を廃された。

↓その理由は内裏で殺人事件を起こしたことである。

↓だから陽成は狂人である。

というものである。

しかしながら、このような単純な図式で、千年以上も前の人の精神状態を「診断」してもよいものであろうか。

さすがに近年の歴史学では、説話の主張を鵜呑みにするような論考は見られないが、それでも殺人事件を起こしたのであるから、天皇としては相応しい人物ではなく、それで退位させられたのであるという推測は、いまだに根強いものがある。

はたして陽成は、どのような事件を起こしたのであろうか。また、退位の真相はどのようなものであったのだろうか。さらには、何故に後世、数々の「狂気」説話が生まれることになったのであろうか。

陽成院故地（京都市中京区西大黒町）

1　陽成天皇の人物像と退位

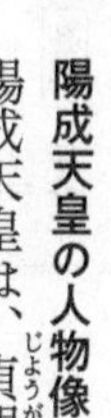

陽成天皇の人物像

陽成天皇は、貞観十年（八六八）に清和天皇の第一皇子として生まれた。諱は貞明。母は藤原基経の妹の高子。生後三箇月足らずで皇太子となり、貞観十八年（八七六）に九歳で践祚、基経が摂政となった。元慶六年（八八二）正月に十五歳で元服したが、元慶八年（八八四）二月四日に十七歳で退位し、陽成院に入った。代わりに基経によって仁明天皇の皇子で二世代も遡る五十五歳の時康親王が擁立され、光孝天皇となった。その後も陽成は太上天皇として長寿を保ち、天暦三年（九四九）九月に死去した。時に八

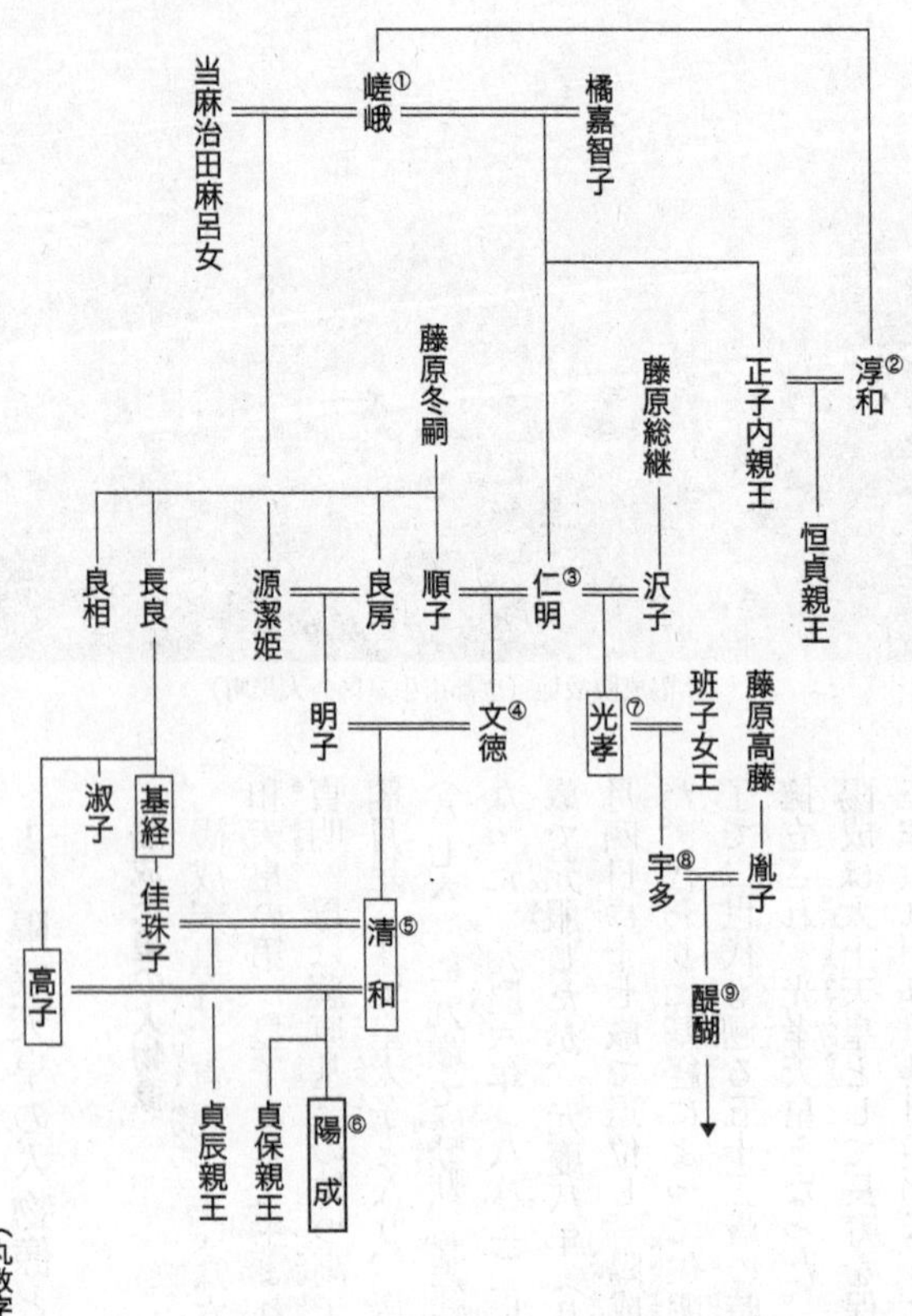

嵯峨①
橘嘉智子
当麻治田麻呂女
淳和②
正子内親王
恒貞親王
藤原冬嗣
藤原総継
仁明③
沢子
良相
長良
源潔姫
良房
順子
明子
文徳④
光孝⑦
班子女王
藤原高藤
淑子
基経
宇多⑧
胤子
佳珠子
清和⑤
高子
醍醐⑨
貞辰親王
貞保親王
陽成⑥

（丸数字は即位順）

十二歳。

陽成天皇の退位をめぐって

陽成の退位については、自身が退位の際に基経に宛てた書状で語っている病悩説を信じる者はなく（前後に病悩の史料はなく、退位後も六十五年間も生存しているため）、日ごろの行状が暴君であったという説、宮中で殺人を犯したためという犯罪説が唱えられた。かつては陽成が在原業平の落胤であったため、政権の在原氏移行を予測しての基経の行動という説まで飛び出したが（山口博「陽成帝の退位をめぐって」）、現在では否定されている。

近年では、基経の権力掌握過程に陽成の退位を位置づけた和田英松氏の提言を承け（和田英松「藤原基経の廃立」）、基経の権力掌握と皇太后高子との関係を重視する論考が主流となっている（角田文衞「陽成天皇の退位」、河内祥輔『古代政治史における天皇制の論理』、瀧浪貞子「陽成天皇廃位の真相」。以下、三氏の説はすべてこれらの書による）。

まず、角田文衞氏は、陽成の退位を記録した『日本三代実録』の編纂時には、陽成も高子も健在であり、編纂者たちには上皇に対する大きな憚りが有ったとされたうえで、皇室や陽成上皇の尊厳を傷付けぬため、表面的には病弱説を打ち出し、一方では基経の挙措を正当化するため、暴君説を臭わせるという記述法をとり、事の真相を隠蔽したと考えられた。

そして高子は陽成が、良房によって女色に溺れさせられた父清和天皇の轍を踏み、女色に溺れて兄基経の傀儡と化することを絶対に容認できなかったとされる。基経が憤懣を抱いたとすれば、陽成にではなく、天皇に大きな発言権を有する皇太夫人（後に皇太后）の高子に対してであったというのである。

陽成が母后高子を後ろ楯として親政を断行する懼れが強かったという理由で、基経は、陽成の廃位を実行に移したとされ、その際、源定省（後の宇多天皇）を猶子にしていた尚侍藤原淑子（基経の妹で高子の姉）が、決定的な役割を果したと考えられた。

つまり陽成廃位は、基経や淑子と、皇室側に立った高子との権力闘争の結果であって、基経の主目標は、皇太后高子を権力の座から遠ざけることにあったというのである。後に高子は昔日の密通事件を取り上げられて皇太后の地位を廃される。

次いで河内祥輔氏は、仁明から陽成まで、皇位は四代にわたって父子一系に継承され、その安定性は揺るぎなくみえた直系としての天皇が生存しながら、皇統が傍系に移行した希有の例が、陽成の廃位と光孝の即位であると見通されたうえで、殺人という前代未聞の破天荒な事件を犯した陽成がそのまま在位することは許されない、という点において貴族の意見が一致し、一代限りの、中継ぎ役の天皇として長老である光孝が即位したと考えられた。

そして宇多・醍醐の皇位継承を正当化するためには、殺人事件が陽成退位の真因であることを、暗黙のうちに周知させることも必要であったので、『日本三代実録』編集陣は陽成に対する疑惑が生まれざるを得ないような書き方をしたと推測された。

さらに瀧浪貞子氏も、やはり基経が陽成以上に警戒したのが生母高子の存在であり、基経と高子・陽成との関係が、清和上皇の死を境に微妙に変化し、陽成の上皇権や高子の政治介入を阻止するために、陽成と高子を排除し、一切のミウチ関係を放棄して、四十三歳の高子より高齢の天皇を擁立しようとしたと解された。

まず承和の変で廃太子された六十歳の淳和系の恒貞親王（『恒貞親王伝』『扶桑略記』を信じるならば、の話であるが）、次いで五十五歳の時康親王（光孝）に即位を要請したのも、高子を排除するためであったとされる。

基経は外孫貞辰親王（陽成退位時に十一歳）を擁立し、摂政の座に就くことを予定していたものの、光孝は在位三年で病床に就いてしまい、貞辰を即位させると陽成上皇と皇太后高子が復権するので、光孝第七皇子の源定省を親王に復し、即位させた（宇多）という。

以上の諸説が、基経と高子の政治闘争を軸として陽成の退位を解釈されているのは、認めるべきであろう。女の明子を通じて清和の外祖父であった良房とは違い、基経は妹の高子を通じて陽成の外舅であったに過ぎず、ミウチ関係も弱く、その政治力も限定されたものであった。たとえ外孫の貞辰を即位させたとしても、陽成や高子が政治力を保持している限りにおいては、やはり万全の政治権力を振るうことができない。また、基経は良房の養子に過ぎず、良房が本当に後継者と考えていたのは弟である良相であったという考えもあるくらいで(河内祥輔『古代政治史における天皇制の論理』)、藤原北家の内部における地歩も万全とは言い難かった。

いったん嫡流であった天皇家とのミウチ関係をリセットし、新たな皇統を創出して、まったく別個の関係を築くことに、基経は賭けたのであろう。

陽成天皇の「殺人事件」

しかしそれにしても、陽成が暴君であった、または狂人であったという考えは、いまだに根強い。手元の辞書をひもといても、「〈もの狂いの帝〉といわれ、基経により皇位を廃され、上皇となっても乱行が絶えなかった」(『岩波日本史辞典』)、「その遜位については、病弱説(『三代実録』)と天皇の乱行を憂えた基経により廃位されたとする暴君説(『愚管抄』)とがあるが、後者の説が今日一般的である」(『国史大辞典』）、「宮中での殺人事件などが原因となって八八四年に退位」（『日本史大事典』）、「元来天皇には奇矯なふるまいが多く、『悪君之極』〈『扶桑略記』寛平元年八月十日条〉、『物狂帝』〈『皇年代略記』〉などと評された」（『平安時代史事典』）、「精神病の気味があったらしく、三種の神器のうち璽の箱を開いて白雲の起ったのを驚いたり、宝剣を抜いてそれが夜の御殿のそばで閃くのを恐れたり（古事談・一）などの話がある」（『新編 日本古典文学全集 大鏡』「人物一覧」）などといった調子である。

先ほど挙げた諸氏でも、河内氏や瀧浪氏などは、陽成の「殺人事件」自体は史実であると考えられている。ところが、発端となった「事件」を記述した史料は、次の『日本三代実録』元慶七年（八八三）十一月十日条のみなのである。

散位従五位下源朝臣蔭の男である益が、殿上に伺候していたところ、猝然と格殺（殴り殺すこと）された。禁省の事は秘され、外の人は知ることが無かった。益は帝の乳母の従五位下紀朝臣全子が産んだものである。

もちろん、陽成が犯人と書いてあるわけではないし、「陽成に対する疑惑が生まれざるを得ないような書き方」であるようにも思えない。後世の記録や説話に影響されて、知らず知らず、下手人は陽成であるということが暗黙の了解になっているのではないだろうか。

山口氏が、「退位後の乱行の話もあるので、帝が下手人と考えられた」と考えられたり（山口博「陽成帝の退位をめぐって」）、角田氏が、「源益を格殺したのが事実であったにしても、それは遊び相手と相撲をとり、打ちどころが悪くて益が死んだと言った、過失致死程度のことであったかもしれない」と述べられているとおりであろう。

本気で人を殺すのであれば、弓で射殺するか刀で刺殺すればいいのであり、しかも自ら手を下す必要はない。素手で殴り殺すというのは、殺人ではなく過失致死の可能性が高いのであろう。もちろん、誰が行なった行為かは、定かではない。

だいたい、天皇はすべての権力の根源だったのであるから、殺人事件を犯したからといって、それが理由で退位しなければならない謂われはないのである。

この「事件」を遡ること九十年前、延暦十二年（七九三）八月、内舎人と帯刀舎人が共謀して、ある帯刀舎人を殺害するという事件が起こった。これは皇太子安殿（後の平城天皇）の密命によるとの噂がながれ、桓武天皇は逃亡した二人を追捕させ、群衆の前で素手で殴殺させた。もちろん、これによって桓武が非難されるということはなかった。

陽成天皇の「乱行」

また、退位前の陽成の「乱行」についても、それを窺わせる同時代史料は、次の『日本三代実録』元慶七年十一月十六日条だけである。

新嘗祭を停めた。建礼門の前に於いて、大祓を修した。内裏で人が死んだので、諸の祭祀が停廃したのである。その頃、天皇は馬を愛好され、禁中の閑処に於いて、秘かに飼わせていた。右馬少允小野清如は善く御馬を養い、権少属紀正直は馬術を好むので、時々召されて禁中に近侍した。蔭子藤原公門は門下に侍奉し、常に駆策された。清如等の所行は甚だ不法が多い。太政大臣（基経）は之を聞き、にわかに内裏に参り、宮中の庸猥な群小を駆逐した。清如等は、最もその先頭である。

陽成が馬を愛好し、禁中で飼育し、宮中で乗り回させたというものであるが、これによって天皇失格であるというのは、あまりにも無理があるというものであろう。また、在位中の乱行記事がこれのみであるということは、他には取り立てて指弾すべき乱行もなかったことを示している。この記事が、例の「事件」の直後に置かれていることにも注目しなければならない。

角田氏が、「遜位前の陽成天皇の所謂『乱行』などは、いかにも少年らしい乱暴さに過ぎず、大人が真面目に採り上げるような種類のものではない」と喝破されたとおりである。

その意味では、陽成の乱行を匂わすような記事は、すべてが後宮をニュース源としており、尚侍の淑子が配下の官女たちを使嗾して陽成に関する歪曲・誇張した情報を貴族社会に流し、基経が廃黜しても、臣道に叛いたと非難されぬような下地を用意したとされた角田氏の推測は、興味深いものがある。

そして元慶八年正月以降、陽成が政務や儀式に臨御して関わった形跡はほとんどなく（瀧浪貞子「陽成天皇廃位の真相」）、賭弓や内宴も停止され、二月一日に陽成は基経に手書を送り、病悩による自発的退位というかたちを取ったのである。

2　陽成天皇の行状説話

これまで見てきたように、在位中の陽成天皇には、その「暴虐」や「狂気」を語る史料はほとんど存在しなかった（河内祥輔『古代政治史における天皇制の論理』）。

それに対し、退位後の陽成太上天皇をめぐっては、数々の説話が作られる。これについては、「乱行」が退位をもたらしたのではなく、退位が「乱行」をもたらしたという考え（山口博「陽成帝の退位をめぐって」）も、まったく考えられないわけではないが、むしろ異常な退位を正当化するために、後から史実ではない説話が創作されたと考えるべきであろう。

そもそも、正史である『日本三代実録』自体が、編纂の時点で陽成太上天皇が存命していたことの影響を受けていた可能性が高い。編纂を命じた宇多の立場にとっても、陽成の退位はきわめて扱いの難しい課題であったのである（遠藤慶太『平安勅撰史書研究』）。

古記録類に見える陽成天皇説話

では、いくつかの説話を挙げて分析してみる。まずは後世の古記録（男性貴族の日記）類から見てみよう。

・『魚秘抄』所引『清慎公記』康保四年（九六七）七月二十二日条

往代、武猛・暴悪の主というのは聞いたことがあるが、未だ狂乱の君は聞いたことがない。

陽成が死去してから十八年後、関白藤原実頼が、自分を無視して勝手な行動を取る冷泉天皇の外戚である藤原伊尹たちの専横を憤って記したものである。

ここでは、往年の「武猛・暴悪の主」というのが陽成にあたるのであろう。例の

「殺人事件」を踏まえて言ったものであろうが、怒りにまかせて書き付けたものである し、記述の主眼は冷泉に置かれているので、直接陽成に関わるものではない。冷泉に関しては、後に述べよう。

・『中右記』大治四年（一一二九）七月七日条

白河院は、後三条院が崩じた後、天下の政を執ること五十七年。意に任せ、法に拘らず、除目・叙位を行なわれた。古今、未だないことである。陽成院一人は、八十一年に及ばれたけれども、天下を統治されなかった。いたずらに廃主であったのである。

白河院が死去した際の有名な記事。白河院が五十七年もの長期間にわたって親政と院政を行なったことに対比して、陽成院は八十一年の生涯であったが、政治を執ることはなく、廃位の目に遭ったとしている。陽成が廃位されたという認識は、すでに存在していたから、それに沿った記述となっている。「狂気」や「暴虐」には触れていない。

・『長秋記』保延元年（一一三五）六月七日条

内侍所の御在所に上皇が渡られない事。大宮大夫が談られて云ったことには、「陽成院は禅位の後、大内に入られるという志が有った。この事を禦ぐために、はじめてこの儀が定まったのである。……」と。

陽成が退位後、内裏参入を望んだので、それを阻止しようと、新儀が定まったとある。この後、宇多上皇が内裏に入ろうとしたところ、先例がないということで阻止されたという話が続く。実際に陽成が内裏に参入しようとしたわけではなく、参入したがっているという風聞があったので、それを阻止しようとしただけの話である。むしろ話の主題は後半の宇多の方にあったのではないだろうか。様々な政治介入、究極的には菅原道真の赦免を醍醐に求める宇多の内裏参入を阻止するため、陽成が引き合いに出されたという観が強い。

また、陽成が内裏に入りたがっているという風聞が立ったとされるということは、自らの正統性に対して、光孝や宇多が常に脅えていたことの裏返しではないかとも思えるのである。

・『玉葉』承安二年（一一七二）十一月二十日条

陽成院は暴悪無双で、二月の祈年祭以前に、自ら刀を抜いて人を殺害した。

このあたりから、陽成＝暴虐という認識が始まっている。例の「事件」の犯人を陽成と決めつけ、さらに殴殺ではなく刀による刺殺と記している。ただ、この記事は、「祈年祭以前」という時期に主眼があるものらしい。数日前に伊勢神宮から鶏の異変の報告があり、鶏と神事の連想から祈年祭へ思いが移り、祈年祭から陽成退位の話が呼び出されたとのことである（池上洵一「口承説話における場と話題の関係」）。

・『玉葉』元暦元年（一一八四）六月十七日条

昔の狂主陽成・花山天皇といっても、こんな馬鹿げた話は聞いたことがない。

後白河院の行状に怒っている記事で、「狂主」として陽成と花山が引き合いに出されている。もちろん、怒りにまかせた記述である。また、『玉葉』の記主である九条兼実が、摂関家の人物であったことも、言うまでもない。

『扶桑略記』の陽成天皇説話

次に、編纂物の歴史書を見てみよう。まず『扶桑略記』の寛平元年（八八九）の諸条である。実は所功編『三代御記逸文集成』や増補「史料大成」刊行会編『増補史料大成　歴代宸記』は、以下に挙げる記事を『宇多天皇御記』としているが、その根拠はない。

もしも本当に『宇多天皇御記』であったのなら、陽成在世中の同時代史料として、きわめて大きな価値を持つものであるが、残念ながらそのように確定することはできない。特に『扶桑略記』においては、「寛平御記」との明記がある逸文であっても、他書の文章や地の文が混入している場合も存するのである（佐藤全敏「宇多天皇の文体」）。

これら寛平元年の諸条は「已上、御記」という注記もなく、「大臣、云はく」とか「左大臣、奏して云はく」といった言談のようなものなのである。

ただ、仮にこれらが『宇多天皇御記』の逸文であったとしても、これらを記したのが、陽成の後に即位した光孝の子である宇多であることは、考慮に入れておかなければならない。同時代にして、いまだ陽成が生きていた時期なればこそ、その「狂気・

暴虐」説話を言い触らす政治的な必要性が強かったのであろう。

また、これらの記事は陽成二十二歳の年である寛平元年の後半に集中している。このことにも、何らかの意味はありそうである。この寛平元年は宇多が即位して三年目であるが、年末の十二月二十八日に源維城以下の子が親王とされている。このうち、維城が敦仁親王となり、四年後の寛平五年（八九三）に立太子し、後に即位して醍醐天皇となる。

光孝は即位に際し、自己の皇統を存続させないことを基経に示すために、子孫全員を臣籍に降下させ、源朝臣姓を賜わった。寛平元年十二月に宇多の子が親王に復帰し、寛平三年（八九一）正月に基経が死去し、寛平五年に敦仁が立太子するという流れの中で、寛平元年の八月から十二月にかけて、陽成上皇の「狂気・暴虐」説話が集中して語られることは、見逃すわけにはいかない。

なお、『扶桑略記』というのは、関白藤原道兼の玄孫である皇円による私撰の史書である。嘉保元年（一〇九四）から堀河天皇の死去した嘉承二年（一一〇七）までの成立とされる。六国史以下の国史実録類、伝記類、霊験記・往生伝類、縁起類など、多種多岐にわたる史料を引用して編纂されている。貴重な逸文の宝庫でもあるが、わけのわからない原史料を無批判に引用している例も多く、取り扱いには注意が必要である。それでは、諸条を見てみることとしよう。

・『扶桑略記』寛平元年八月十日条

大臣（基経）が内裏に参って、談説したついでに云ったことには、「陽成院の人の厄は世間に満ちています。ともすれば陵轢を行ないます。天下の愁苦は、諸人に嗷々としています。若し濫行の徒がいれば、ただ、あの院の人と称しています。悪君の極みを、今にして見ています」と云うことだ。

基経が宇多（?）に向かって、陽成院の家人の乱行を訴えている。乱行を行なう連中は皆、自分は陽成の配下の者と自称しているというのである。これではたしかに、「悪君の極み」と言えようが、本当に基経が言ったことなのであろうか。

・『扶桑略記』寛平元年十月二十五日条

左大臣（源融）が奏上して云ったことには、「先日、陽成君が御馬に乗り、直接、六条の下人の家に入りました。陪従の諸人は、杖や鞭を捧げ持っていました。女人や児童は、驚いて逃げました。或いは分散し、或いは逃隠しました。悪主と云うのは国に益が無いものです」と。

こちらは源融が宇多（？）に、陽成が馬に乗って下人の家に押し入ったことを訴えている。ここでも「悪主」と称されている。

・『扶桑略記』寛平元年十月二十九日条

毎日、風聞が有る。「陽成君は、駿河介（するがのすけ）の女子がいるのを、院人に追捕させた。陵轢を極め、甚だ憂いている。琴の弦で面縛（めんばく）し、水底に漬けた」と云うことだ。

ここでは陽成が駿河介の女子を陵轢した後、琴の弦で面縛（両手を後ろ手にして縛り、顔を前に突き出してさらすこと）して水底に漬けるという猟奇的行為に及んだという風聞を載せる。思わず最初に挙げた武烈（ぶれつ）を思い出してしまうが、いったいにこんなことが可能なのであろうか。

・『扶桑略記』寛平元年十二月二日条

甘南扶持が還って来て云ったことには、「去る二十九日の申剋、はじめて島下郡に到り、事情を審問しました。郷人が語って云ったことには、『太上天皇が、この郷にいらっしゃいました。備後守藤原氏助の宅にいらっしゃいました。若干の従卒を率いて、この宅に乱入しました。家人や士女は、或いは山沢に逃亡し、或いは道路に逃迷しました。氏助の宅には、一人も残っていません。これは安倍山の猪鹿を狩り取る為です。ところが夜、松の炬火を持ち、夕暮れ時に臨む頃、この宅に還御しました。ただし童子十二人と厩舎人二人を率い、皆、武装していました。弓箭を帯び、前後に分け、騎馬で行列しました』と云うことでした。『今日、この山を院の禁野と定め、宇治継雄を専当としました。路頭に榜示して、行路の人は、往還に難儀しています。ともすれば陵轢を加えます。愁吟の甚だしさは、思うに何を口に言えばいいのでしょうか』と云うことでした」と。

これは十一月のこと、陽成が摂津国まで出かけ、備後守の家に武装して乱入し、裏山で狩をした後、勝手に山を「禁野」に指定したというものである。

・『扶桑略記』寛平元年十二月二十四日条

左大臣源朝臣融が奏上して云ったことには、「私の別業は宇治郷に在ります。陽成帝が、その処にいらっしゃいました。悉く柴垣を破り、朝に出て山野を渉猟し、夕に還って郷閭を掠陵します。このような事は、ただ一、二回ではありません」と。左大臣の別業は、その郷に在る。また、厩の馬を奪い取って、原野を駆馳している。

これも融の訴えである。融の別業に陽成がやって来て、馬を奪い取って原野を駆馳し、狩に出かけたり人里を掠陵したりしているというものである。これくらいならどんな天皇でもやりそうな気もするが、それが悪意を以て語ると、このような表現になるのであろう。

以上、いずれも大臣や廷臣が告げ、告げられた者は何の措置もとらずにそれを書き付ける、といった点が特徴である。いったい、これらは実際に起こったものなのであろうか。本当に人々が苦しんでいるのであれば、何らかの措置が講じられてもよさそうなものであるのに、聞いた者はただその報告を記録し、しばらくするとまた、陽成の「乱行」が報告されるのである。そしてこの寛平元年が終わると、ぱったりとそういった報告は聞かれなくなる。

やはり何らかの意図によって、この寛平元年の後半に陽成の悪行が喧伝され、陽成に不利な、言い換えれば宇多と醍醐に有利な政治情勢が形成されていたという疑いがぬぐえない。

史書に見える陽成天皇説話

次に他の史書を見てみよう。

・『愚管抄』巻第三

昔の武烈天皇のように並大抵ではなく、呆れた状態でいらっしゃったから、舅である昭宣公基経は摂政として諸卿の群議を行ない、「これは御物怪がこのように荒れていらっしゃるので、どうして国主として国を治めさせられよう」と言って、降ろし申しあげようと沙汰を行なって、……

『愚管抄』は鎌倉時代初期に関白藤原忠通の子である慈円が著わした史論書である。

末法思想と道理に基づいて歴史を叙述している。慈円にとっては、殺人事件で皇位を追われたとされる陽成などは、まさに道理に外れた存在と認識されたのであろう。

ここでは陽成を武烈に並ぶ存在と認識し、また乱行の原因を物怪によって説明している。ただし、慈円自身が、基経の子孫としての摂関家の一員であったことは、念頭に置いておかなければならない。

・『神皇正統記』第五十七代　陽成天皇

この天皇は性悪であって、人主の器に足らないように見えたので、摂政は嘆いて廃立のことを定められた。

『神皇正統記』は南北朝時代に、北畠親房が幼帝後村上天皇のために、南朝の正統性を述べた歴史書である。皇統の正統性の根拠として、三種の神器の保有の他、血統と並んで有徳を強調する。この観点からは、すでに陽成の評価が定まっていた当時、陽成が非難されるのは当然であった。

・『皇年代略記』陽成天皇

〈首書（しゅしょ）〉物狂帝。

『皇年代略記』というのは、天皇一代ごとに主要事項を列挙した年代記（ねんだいき）の一つで、室町時代前期に編まれ、次々と書き継がれていったものである。ここでは陽成の項目の首書に、ずばり「物狂の帝」と記されている。これが室町時代における評価の一つなのであろう。なお、『皇年代略記』では、他の天皇にこのような評価を記した箇所はない。

・『賀茂皇太神宮記（かもこうたいじんぐうき）』

この帝はいささか御物狂わしくいらっしゃって、常にそぞろな事だけを好んで御覧になられた。内裏の御庭に賤（いや）しい者を召して、犬などを喰（く）い合わせなされた。関白昭宣公（基経）は、これをご覧になり、王道にあらぬ行為だとしてよく諫（いさ）め申しあげたけれども、まったく聞き入れなさることはなかった。……

陽成院の帝は十七歳におなりになった。物狂おしい御心は収まることなく、なおも犬や鶏を遊ばせていた。ちょうど公卿（くぎょう）や殿上人（てんじょうびと）が参内（さんだい）して、花見の行幸（ぎょうこう）と申し勧め、御車を寄せたところ、帝は何の御心もなく乗られたことこそ浅ましい。そして二条院に臨幸した。群臣が、年来の行為は王道に違うので、御位を降ろし奉ると奏上したところ、帝はこれを聞き、あまりのことに呆れ果てておられた。

『賀茂皇太神宮記』も、室町時代に記された、賀茂社の諸儀式の由来を述べた記録である。陽成の乱行と退位を記したこの場面は、賀茂臨時祭の由来を述べた部分である。宇多が臣下であった時、鷹狩の最中に賀茂の大明神が現われ、「冬の祭がなくて淋しい」と告げた。その時の天皇は陽成であったが、しかじかの理由で皇位を降ろされ、やがて宇多の即位と相なって、約束どおりに十一月の臨時祭が行なわれるようになった、というものである。ここでも宇多が登場することに注意したい。

なお、陽成が闘犬や闘鶏ばかり行なっていたというのは、『日本三代実録』元慶六年二月二十八日条に、高子の御前で闘鶏を行なったという史実を踏まえたものであろう。「花見の行幸」と偽って陽成を二条院に移させたというのは、その愚かさを強調するための作文であろうか。

説話集に見える陽成天皇説話

それでは、説話集に見える陽成説話を見ていこう。

・『江談抄』第二「雑事」―二「陽成院、三十疋の御馬を飼はるる事」

陽成院は御所に御厩を立てて、常に三十疋の御馬を飼われていた。北辺院と名付けていた。

『江談抄』は、大江匡房の談話を藤原実兼が筆記した院政期の言談聞書集。十二世紀初頭に成立したと考えられている。ここでは宮中の厩で馬を飼育したことが語られるが、否定的な文脈ではない。陽成が馬を愛好し、禁中で飼育したという『日本三代実録』の記事を踏まえたものであろう。

・『今昔物語集』巻第二十―一〇「陽成院の御代、滝口、金使に行く語」

陽成天皇の御代、滝口道範が陸奥国に金使として派遣された。道範は信濃国で郡司から幻術を習う。京に帰って、滝口で術をかけていた。

陽成天皇がこれを聞き及び、道範を黒戸に召して術を習った。御几帳の横木の上に賀茂祭の行列を通らせたりした。

世間の人はこのことをよくは申されなかった。帝王の御身でありながら、絶対に三宝（仏教）に違背する術をなさることを誰もがそしり申したのである。取るに足らぬ下賤の者がするのでさえ罪の深いことだというのに、帝王ともあろう方がこのようなことをなさった。だから、後に狂気になられたのであろうか。

『今昔物語集』は平安時代末期十二世紀初頭に成立したと見られる説話集である。全三十一巻、約千の説話を収める、日本最大にして最高の説話集である。

さてこの話、陽成が幻術を習ったことによって、後に「狂気」になってしまったというのである。陽成の「狂気」の原因を、仏教を軽んじたことで説明している。当時、このような認識が存在していたのであろうか。

・『今昔物語集』巻第二十七―五「冷泉院の水精、人の形と成りて捕へらるる語」

陽成院の御所であった冷泉院に身の丈三尺ばかりの翁が住んでいて、捕えられたが、盥の水の中に消え失せた。

こちらは妖怪譚。陽成本人とは直接の関係はないが、源融の河原院もそうであるように、志を遂げられなかった人の旧居に霊が宿るという発想であろう。霊的世界と陽成のイメージは親しいものがあったようである（伊東玉美「陽成天皇の奇行伝説」）。

・『今昔物語集』巻第三十一—六「加茂祭の日、一条大路に札を立てて見物する翁の語」

賀茂祭の日、八十歳の翁が、「ここは翁の見物する場所である。他の者の立つを禁ず」という立て札を立てると、皆が陽成院の仕業と誤解して場所を空けた。車もその辺りには止めようとしなかった。翁はのんびりと見物し、悠々と帰って行った。

陽成院はこの翁を召し、事情を聞くと、「実に頭のいい奴だ」と感心した。世の人は陽成院が不埒な行為に感心したことをよくは申しあげなかった。

陽成と立て札というと、『扶桑略記』に見える「禁野」の制定が想起される。このようなイメージが増幅されて、この笑い話が作られたのであろうか。また、「下賤の者と近しい陽成」というイメージも、『日本三代実録』以来のものである。

・『中外抄』上―一八

陽成院は昭宣公の妹の子である。ところがものに狂っておられた時に、不都合なので、他の親王の許に昭宣公が向かって有り様を見たところ、……

『中外抄』は、関白藤原忠実の言談を中原師元が筆録した院政期の言談聞書。十二世紀前半から中葉の言談を収める。ここは基経が陽成の廃位を決意し、光孝を擁立した説話。陽成を廃そうとした理由を、「ものに狂っていた」ことに求めている。

・『富家語』一八三

神璽の筥は一切、開けない。陽成院が璽の筥を開けられたところ、その中から白雲が起こった。その時、天皇は恐れ怖れてうち棄てられ、紀氏の内侍を召して、からげさせられたということだ。この紀氏の内侍は、筥の緒を縛る者である。近来は無い。また、陽成院が宝剣を抜かれた時、夜御殿の傍の塗籠の中が、ぴかぴかと光ったので、恐れてばたんとうち棄てられたところ、ぱちんと鳴って、自然と鞘に収まった。その後は聞いていない。

『富家語』は、藤原忠実の言談を高階仲行が筆録した院政期の言談聞書集。十二世紀中葉から後半の言談を収める。

これは陽成が神璽の筥を開けた際の怪異と、宝剣を抜いた際の怪異を語る。皇位継承に関わる禁忌を破ったということで、陽成が皇位に相応しくないということを説明しようとしたものであろうか。いつ頃から摂関家に、このような口伝が伝えられたのか、気になるところである。

なお、他に『江談抄』では冷泉院が神璽の緒を解こうとしたという類話、『続古事談』では冷泉院が神璽の筥を開け、宝剣を抜こうとしたという類話が収められている。いずれも後に摂関家の祖となる権力者によって皇位を追われた天皇であることが共通する。摂関家内部では、それが誰であるかはどうでもよく、皇位に相応しくない天皇は、宝器（レガリア）の権威を冒すようなことをやらかすのだという伝えがあったのであろうか。

・『古事談』巻第一「王道　后宮」―四

「陽成院が邪気によって普通ではなくいらっしゃった時、璽の筥を開けられたところ、筥の中から白雲が起こったので、天皇は恐懼されて、打ち棄てられ、紀氏の内侍を召して、からげさせられた」ということだ。紀氏の内侍は、筥の緒を縛る者である。近代は無い。「また、宝剣を抜かれた時、夜御殿の傍の塗籠の中が、ぴかぴかと光ったので、恐れられてばたんと打ち棄てられたところ、ぱちんと鳴って、自然と鞘に収まった。その後は二度と抜けなくなった」と云うことだ。

『古事談』は、源顕兼の編による鎌倉初期の説話集。十三世紀初頭の成立である。この説話は『富家語』によったものであるが、微妙な相違がある。まず、『富家語』には「邪気」云々の記述がない。陽成の「邪気(物怪)」は、顕兼の考えによるものなのである。『富家語』の忠実は、璽の筥についての故実のみを語り、それを開いた違例として陽成の例を語るのみであり、陽成の「狂気」への関心は無いか、それほど大きなものではなかった(田村憲治「言談と説話」)。時代と共に、陽成の「狂気」が喧伝されていったのであろうか。

また、『富家語』では、説話の結末は、「その後は(宝剣を抜いた話は)聞いていない」という、これも故実を語っているのに対し、『古事談』では、「その後は宝剣は二度と抜けなくなった」と、陽成の愚行が宝剣の神聖を冒したことによって、宝剣そのものの霊威がなくなってしまったとの非難となる。この差は大きく、天皇権威を冒した陽成という文脈にすり替えられているのである。

・『宇治拾遺物語』巻第十二―一三「陽成院ばけ物の事」

陽成院が退位した後の御所である二条院には、浦島太郎の弟と名乗る翁が住み着き、夜番の者に、ここに社を造って祭ってくれるよう頼むと、夜番は、「自分の考えだけでは決められない。院に申しあげよう」と言った。翁は、「憎い男の言い分よ」と言って男を蹴り上げ、落ちてくるところを食ってしまった。

『宇治拾遺物語』は、十三世紀前半頃に成立した、中世の説話物語集。現存しない『宇治大納言物語』から漏れた話題を拾い集めたものという意味。

この説話でも、陽成院御所に住みつく霊が語られている。ここでは陽成が生存している時期に設定されているが、陽成は霊と同居していたことになっている。

・『世継物語』（『小世継物語』）四五

そのうちに陽成院が位に即かれて、物に狂われたようで、本当に不思議な政事をされたので、どうしようもなくて、関白殿をはじめ、世が亡くなると嘆き合ったけれどもかなわなかった。生きている物などを取り集めて、蛇に蛙を何匹ともなく呑ませ、猫に鼠を取らせ、犬猿などを闘わせては殺させられ、果ては人を木に登らせられて、打ち殺させせられ、何人ともなく人が死んだので、関白として昭宣公は嘆いて、「今はどうしようもない、位を降ろし申そう」とお思いになって、

……

『世継物語』は、鎌倉初期から中期にかけて成立した歌物語ともとれる説話集。この説話では、陽成の暴虐を語っているが、闘犬くらいはこれまでにもあったとして、様々な殺生説話にエスカレートしているのが特徴である。人を木に登らせて殺すなど、武烈の話を持ってきている。この後、光孝即位の話につながる。

陽成天皇説話について

以上を見てくると、先に挙げた寛平元年に加え、説話集がまとめられ始めた十二世紀が一つの画期となっていたことに気付くであろう。その説話の特徴は、

・暴虐にして狂気である。
・人々を陵轢する悪主である。

・霊的世界や幻術と関わりがある。
・下賤の者と近しい。
・度を外して馬を愛好する。
・神璽や宝剣を見ようとするなど、天皇権威を冒そうとする。
などに集約されよう。

『日本三代実録』が語る記事（これも政治的意図で書かれたものだが）に尾鰭を付けたものが多いのであるが、いずれも、「天皇として失格」↓「皇統を伝えられない」という流れで書かれたことが顕著である。実際にこのような行為が行なわれたかどうかは疑わしく、たとえ行なわれたとしても、それだけで天皇失格と断じるわけにもいかない程度の、「若気の至り」に過ぎない。これらの説話を作り、そして記録したのが、その後の皇統に連なる人々、そして摂関家に関係する人々であったことの意味は大きい。

また、これらは陽成の退位後のこととする説話が多い。実際の陽成上皇は、正史のみならず歌や物語などの文学作品の中にも、ほとんど姿を現わすことはないのであるが、「退位後にこのように本性を現わした陽成」を語ることによって、陽成の本質を見抜き、すみやかに退位させた基経の功績を賞揚したものと思われる。

『大和物語』と『大鏡』の陽成天皇

その一方では、陽成は十世紀中葉に成立した歌物語である『大和物語』の一四・一五話に登場する。その在世中とほとんど重なる時期の作品の中では、召人への陽成の対応が語られるが、それは「色ごのみ」の道に程遠い人物像として描かれる（山下道代『陽成院 乱行の帝』）。こういった認識も、同時代には存在したのである。

また、「歴史物語」としての『大鏡』には陽成退位の記事がなく、陽成の異常な人柄やふるまいにも言及していない。これは陽成自体の存在が摂関家の栄華の物語の系譜から外れているため、道長家の栄華を描くという『大鏡』の主題から外れたことによるとされている。

普通、『大鏡』では、「帝紀」で天皇の年譜、「大臣列伝」で人柄など天皇の逸話を述べるのであるが、基経伝では光孝擁立を語り、光孝の子孫が代々続き、基経の子孫がこれを後見するという文脈となるという（松本治久「『大鏡』の「陽成天皇ご退位」の記事についての検討」）。

嫡流の座を明け渡して久しい陽成などは、『大鏡』の作者から見れば、語るにも値しない存在だったということになるのであろうか。

陽成天皇の「病気」

最後に陽成の「狂気」に触れておこう。陽成の「狂気」を語っているのは、『玉葉』『皇年代略記』『賀茂皇太神宮記』『今昔物語集』『中外抄』『世継物語』である。いずれも現代の精神疾患とは関係なく、単に奇矯なふるまい（それとても史実かどうかは疑わしい）に対する作者の評価に過ぎない。

説話で語られた奇矯な行動に、たとえ幾程かの史実が反映されていたと仮定しても、それは十七歳で退位させられた陽成の、その後の青年期のエネルギーの発散の結果と解釈することもできよう。陽成はけっして「暴虐」でも「狂気」でもなかったのである。

3　光孝・宇多皇統の確立と初期摂関政治の確立

光孝・宇多皇統の確立

陽成の退位によって即位した光孝であったが、基経の思惑とは異なり、一代限りで終わることはなかった。即位から三年後の仁和三年（八八七）八月、死去の四日前に基経から東宮を立てることを要請された光孝は、臣籍に降下させていた第七皇子で二十一歳の源定省を親王に復して皇太子とした。そして定省親王は光孝が死去した日に践祚して宇多天皇となった。これによって光孝は一代限りの立場を脱し、光孝―宇多皇統が確立したのである（河内祥輔『古代政治史における天皇制の論理』）。

源定省は元々、侍従に任じられて王侍従と称され、陽成天皇の側近に仕えていた。『大鏡』天「五十九代 宇多天皇」に、宇多天皇が陽成院の前を通って行幸した際、陽成が、「当代は家人にはあらずや（今の天皇は、わしの家来ではないか）」と語ったという説話が残っているのも、そういった背景による。なお、この説話は、「これほどりっぱな家来をお持ちになった天皇もめったにないことですよ」という、宇多を賞揚する評に続く。

それはさておき、『神皇正統記』では、光孝の即位に日本の歴史の画期を認め、光孝より以前は一向に上古であるとしたうえで、光孝からは藤原氏の摂関も他流に移らず、上は光孝の子孫が天照大神の正統と定まり、下は基経の子孫が天児屋命の嫡流となった、これは皇祖神天照大神と藤原氏の祖先神天児屋命の盟約が現実の世界で実現したものと断じている。

これは、光孝と基経が、これ以後の天皇と摂関家の系譜上の出発点となったという偶然の出来事を、その根拠を神話の時代の神々の盟約に置くという神秘的・運命論的な解釈で理解したものであるが（佐々木恵介『平安京の時代』）、はからずも基経の思惑を代弁したものであることに注目すべきであろう。

これ以降も光孝の忌日は国忌として、政務を休み、歌舞音楽を慎んで国家による追善法要が営まれることとなる。もちろん、陽成にそのような措置がとられることはなかった。

陽成天皇の余生

陽成は、十七歳からの長い余生を送った。その間、延喜十三年（九一三）九月には陽成院において歌合を行なったり（『陽成院歌合』。この年、四十六歳）、承平二年（九三二）五月には東光寺で一切経供養を行なったり（『日本紀略』、六十五歳）、天暦元年（九四七）三月には延暦寺安楽院で金光明経書写供養を行なったり（『日本紀略』『諷誦文故実抄』、八十歳）している。年紀は明らかではないが、円仁から金剛頂蘇悉地の秘伝を受けたり（『延暦寺護国縁起』）、延暦寺に安楽院を建立したり（『山門堂舎記』）と、随分と仏教に傾倒していたようである。

延喜八年（九〇八）五月に馬を醍醐天皇に覧せたり（『扶桑略記』、四十一歳）、天慶二年（九三九）五月に北辺院で競馬を覧たり（『日本紀略』『貞信公記抄』、七十二歳）、天暦三年（九四九）四月に御馬を覧たり（『日本紀略』、八十二歳）しているところを見ると、相変わらず馬が好きだったのであろう。

その一方では、延喜十七年（九一七）十二月には、旱天が久しく、京中の井泉が枯渇したというので、陽成は庶人に冷泉院の池水を汲ませたりしている（『日本紀略』）。

延暦寺安楽院故地（根本中堂の北西、八部院堂の北にある東塔北谷）

和歌の素養も深く、『後撰和歌集』に収める、

つくばねの峰よりおつるみなの河　恋ぞつもりて淵となりける

（筑波のいただきから流れ落ちてくる男女川が、最初は細々とした流れから次第に水かさを増して深い淵となるように、恋心も次第につのって今では淵のように深くなっている）

は、『百人一首』にも収められることになる。『後撰和歌集』の詞書では、これは「釣殿の皇女」に遣わしたものということであるが、これが本当だとすると、陽成は光孝の皇女である綏子内親王に、どのような気持ちでこの歌を贈ったので

あろうか。

そういえば、陽成には在位中には后妃の入内はなく、当然のこと皇子女もいなかった。退位後に、姣子女王・綏子内親王・藤原某女・紀某女・伴某女・佐伯某女があてがわれ、元長親王・元利親王・元良親王・元平親王、源清蔭・源清鑒・源清遠、長子内親王・儼子内親王などを儲けている。

しかし、光孝第三皇女で宇多の同母妹である綏子内親王からは、皇子女を儲けることはなかった。これが陽成のわずかな抵抗だったのであろうか。

陽成天皇の死

陽成は天暦三年九月二十日、病により出家し、二十九日に冷泉院において死去した。すでに村上天皇の時代になっていた。四十九日の願文には、「その宝算を計ると、釈迦如来一年の兄」という文言が作られた（『本朝文粋』）。その後、文化五年（一八〇八）頃に現在地に陽成陵が治定され、明治に入って現在の神楽岡東陵（現京都市左京区浄土寺真如町）が造られた。

陽成は生前、盲者を憐み、町屋を設けて収容したところ、陽成が死去した折には盲者が群参して追福を修したという伝えもある（『東大寺雑集録』）。諸書はどうしてこのような説話を引くことがないのであろうか。

神楽岡東陵

なお、石清水八幡宮所蔵『源頼信願文』には、清和源氏の祖とされる経基王（六孫王）は元平親王の子であると記されていることから、清和源氏は本来は陽成源氏であったものを、陽成の名を憚って清和天皇に祖を求めたものとの見解もある。

第三章　冷泉天皇の「狂気」説話

冷泉天皇こそ、ほとんどすべての歴史家によって精神障害者と「認定」されている天皇である。手元の辞書を引いてみても、「異常な行動が多かった」（『岩波日本史辞典』）、「幼少のころより異常な行動が多く、その狂気は元方の祟りといわれ、……」（『国史大辞典』）、「生来精神的に異常があったといわれるが、……」（『日本史大事典』）といった類である。

『新編 日本古典文学全集 大鏡』「人物一覧」に至っては、「天皇は幼より知的な障害（旧版では「精神的な欠陥」）があり、即位の大礼も大極殿ではなく紫宸殿に移して行ったのは、見ぐるしき体をさらさぬための実頼の配慮であった。在位中も、兼家が不意に参内すると、天皇は夜の御殿の中で御璽の箱の緒を解こうとしていたとかの奇矯のことが多く、在位わずか三年で同母弟の円融天皇に譲位した。皇弟がいなかったなら、必要がなくなるまで気のふれた帝王としてむりやりに位にしばりつけられていたであろう」と、散々な書き様である。

後に触れることになる花山天皇の伝記を著わされた今井源衛氏も、「狂気の父」冷泉天皇は「精神分裂病による人格喪失あるいは崩壊の現象」と「診断」されている

（今井源衛『花山院の生涯』）。

さすがに『平安時代史事典』は、「後世、冷泉天皇は精神的に弱い面を持っていたことが強調されるが、その背景には、元方の怨霊の所為とする所伝が真実味をもって喧伝されたということがあった」（関口力氏執筆）と、説話が形成される背景を冷静に分析されているが、こういった視座は、非常に稀なことである。

しかし、本当に冷泉は精神に障害を持っていたのであろうか。信頼できる史料を使って考えてみれば、少し違う結果が出てくるのではなかろうか。

1　冷泉天皇の人物像と退位

冷泉天皇の人物像

冷泉天皇は、天暦四年（九五〇）五月に村上天皇の第二皇子として生まれた。諱は憲平。母は藤原師輔の女の安子。七月に、生後二箇月で早くも皇太子に立てられた。

すでに第一皇子の広平親王が中納言藤原元方の女の更衣祐姫から生まれていたが、憲平の立太子によって、元方は天皇の外戚となる望みを失って憤死し、怨霊となったとされる。

康保四年（九六七）五月二十五日、村上天皇の死去により、十八歳で践祚した。六月に藤原実頼を関白とし、十月十一日に「不予（病悩）」によって内裏紫宸殿で即位式を挙げた（『日本紀略』）。同母弟で第四皇子の為平親王が源高明の女を妃としていたことにより、第五皇子の守平親王（後の円融天皇）が皇太弟に立った。

安和の変で高明が失脚してから五箇月後の安和二年（九六九）八月、冷泉は在位足かけ三年にして二十歳で譲位し、冷泉院を後院とした。その後、朱雀院、鴨院、東三条第南院を御所とした。

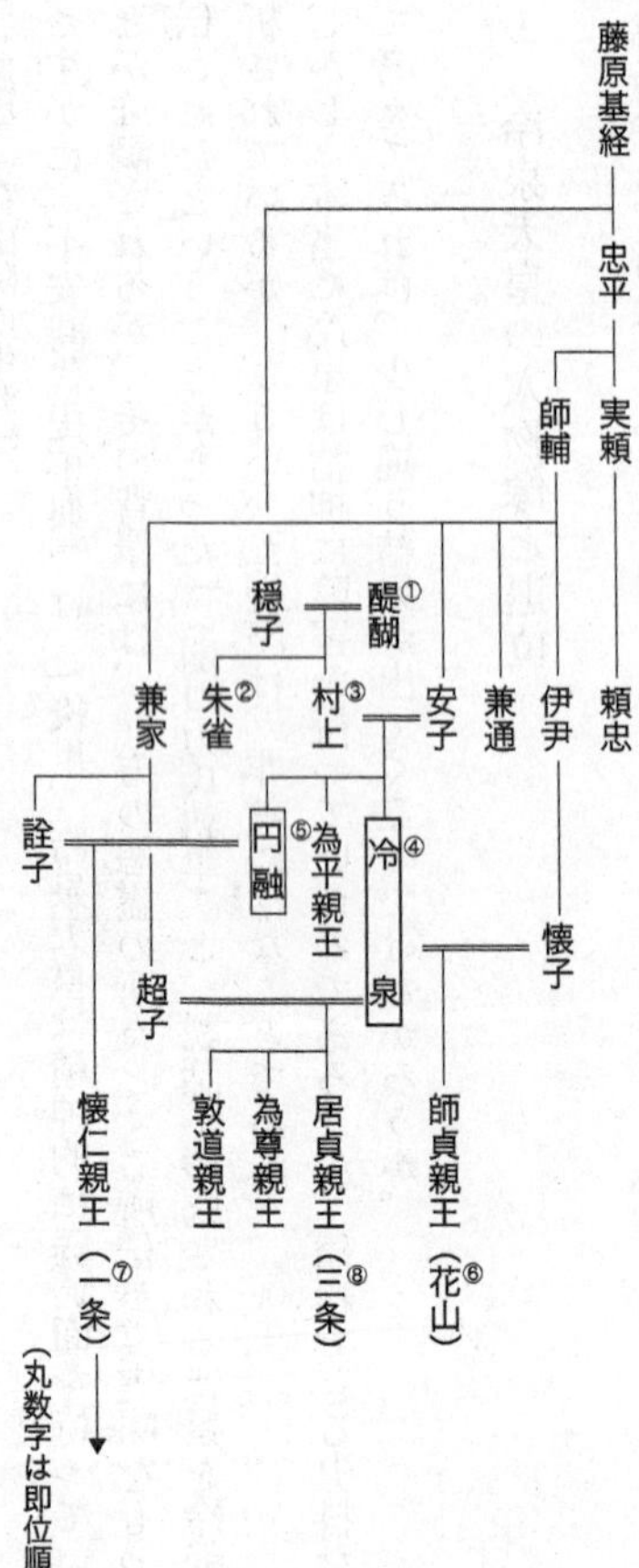

冷泉院故地（京都市中京区二条城町）

四十二年間を上皇として過ごし、寛弘八年（一〇一一）十月に死去した。時に六十二歳。

冷泉天皇の「狂気」をめぐって

ここで冷泉の「狂気」をめぐる諸説を紹介しておこう。先ほど触れた今井氏は、冷泉は「少年時代から六十歳を超えた晩年に至るまで、病勢緩解の時を交えながらも、終始相当に重い精神病を患っていたことが明らかである」として、「必ずや、精神分裂病による人格喪失あるいは崩壊の現象と判断して差支えあるまい」と述べられた（今井源衛『花山院の生涯』）。

次に土田直鎮氏は、皇太子時代の憲平の「物狂おしい」狂気（元方の怨霊の第一歩とされる）から説きおこされた。主に説話を根拠とされてのことである。「人々が初めておかしいなと気づいた」のは、一日中鞠を蹴って天井の梁にうまくのせようとしていたのを見てからだとされ、「おそらく目つきも変わっていたであろう」という実況を付されている。そして、「凶暴性はすこしもないが、ときおり発作が起こって異常なふるまいに出るのである」と解説された。

即位後については、「あらたに皇位についた冷泉天皇は、以前から尋常ではない、狂気だということが明らかだったのである」と推断され、「冷泉天皇の狂気の歌声を聞いたかれ（三蹟の佐理とは別人の藤原佐理）が、つい先ごろまでのなつかしい村上天皇の宮廷と思いくらべて、身を切られるような深い悲しみをおぼえ、世の無常を感じて突然、出家に踏みきったのだと考えることもできる」と、冷泉の「狂気」が佐理の出家の理由とまで考えられた。時平流の佐理の出家の理由は、忠平流全盛の世にあって出世が叶いそうもないといった現実的な理由によるものと思えるのだが。

そして、「冷泉天皇は思えば気の毒な天皇であった。その立太子のときから、即位も、退位も、すべて終始藤原氏にあやつられどおしで、狂気の身をぞんぶんに利用された」と冷泉を総括されている。なお、退位後の冷泉についても、説話を基に、「その狂気はついに終生快癒せず、道長の邸である東三条南院にいたときに放火しようとしたり、……さまざまの話が残されている」とされ、冷泉の「狂気」を自明の歴史事実として述べられている（土田直鎮『王朝の貴族』。以下、土田氏の説はすべてこの書による）。

以上の土田氏の推論は、主に説話を根拠に述べられているにもかかわらず、その流麗な文章と、（この書以外は）古記録の精確な解読を駆使した著述方針、現在では信じられない量の販売部数、そして何より、「土田先生が書かれた」という重みが加わって、断固たる権威を賦与され、冷泉の「狂気」を確実なものとして人々に認識させる結果となった。それのみならず、時によって説話集や「歴史物語」を使用して歴史叙述を行なうという著述態度もまた、平安時代史研究の基本姿勢として、多くの研究者に受け継がれてしまうことになったのである。

服部敏良氏の「病状診断」

一方、平安貴族や天皇の「病状診断」を行なわれた医師の服部敏良氏は、「天皇の病状、殊に狂態と思われるものの記載は、天皇譲位の年の二十歳までのことと、上皇晩年の五十七歳以後の記載のみで、その間三十年にわたる上皇の消息はまったく明らかにされていない」と、「病状」の時期を確定されたうえで（もちろん、これは史料の残り方に起因するものである）、「上皇の行動を記載するものは、いずれも数十年乃至一世紀を経過した後に書かれたもので、はたしてこれらを実事とすべきや否やに問題があろう」と述べられ、冷泉の「狂気」を語る史料の史実性を問題にされた。

そして当時の時代相を、「藤原氏専横の振舞の大きかった時代である」とし（まだ戦前の「摂関政治論」が、一部の研究者を除けば幅をきかせていた時代であった）、「天皇の些細な行動を『もののけ』の故とし、さらにこれが誇大に宣伝され、人の口の端にのぼるようになり、やがて『物狂いの天皇』の烙印をおされるようになった」と結論付けられた。

これだけならば、まことに冷静な「歴史学的」分析である。しかし、服部氏は、「果して天皇が精神異常者であったかどうかは、軽々に論ずることはできない」としながらも、続けて、「天皇の行動がすべて事実であったとした時、天皇の病状をいかに考えるべきであろうか」と、諸史料を史実と考えた前提で冷泉の「病状」を「診断」され、「幼時より早発性自閉症」を患い、「やがてこれを基とする症候性精神病にかかっていた」という「診断」を下された（以上、服部敏良『王朝貴族の病状診断』。以下、服部氏の説はすべてこの書による）。

これでは、はたして冷泉の精神に障害があったのかどうか、にわかに判断できるものではない。やはり我々がいま一度、残された史料を冷静に解読して、分析する必要があるのである。

なお、近年、渡辺滋氏は、冷泉朝における関白藤原実頼の政治的立場を考察する過程で、冷泉の「病状」についても言及されている。詳細は後に述べることとして、冷泉自身については、「当時の冷泉天皇が、超越的な権威を保つべき自らの役割を果たしえない病状にあったことは明らかである」と推断されている。そして実頼が冷泉の病状・行動からストレスを受け続け、日記の中で何回にもわたって冷泉に対する不満を書き連ねていたと推定された（渡辺滋「冷泉朝における藤原実頼の立場」）。当時の天皇が、「超越的な権威を保つべき自らの役割」を負わされていたのかはさておき、冷泉の「病状」については、自明なことと考えられている。

2　冷泉天皇の「狂気」説話

以上のように、ほとんどの論考が冷泉の「狂気」を自明なこととして考えている。しかし、はたして冷泉の「狂気」を語る史料の史実性はそれほど確実なものなのであろうか。それぞれの記された事情や意図を、冷静に分析する必要はないのであろうか。

古記録類に見える冷泉天皇説話

まずは古記録類から見てみよう。

・『源語秘訣』所引『清慎公記』康保四年七月二十二日条

宰相中将（源延光）が来て、雑事を申したついでに、主上（冷泉）が日を追って、本病を発されたことを申した。左兵衛佐（藤原）佐理が云ったことには、「高声で田中井戸、或いは法用を歌われていた」と云うことだ。左衛門督（藤原師氏）が又、来て云ったことには、「今日、殿上間の辺りに伺候していたところ、渡殿で放歌されていた。御声は甚だ高かった。その御歌は、子奈良波であった」と云うことだ。「近衛の官人は皆、御声を聞いた。頗る便宜のないことだ。『明日、除目が有ることになっている』と云うことだが、このような折、どうして公事を行なえようか」と云うことだ。往代、武猛・暴悪の主（陽成）というのは聞いたことがあるが、未だ狂乱の君というのは聞いたことがない。このような折、外戚・不善の輩が、競って昇進の望みを抱いている。……

『源語秘訣』に引かれたこの記事は、一条家当主が相続していた『魚秘抄』の略述であることが、渡辺滋氏の研究によって明らかになっている。関白実頼が記した『清慎公記』のこの記事の主眼は、後半部分の「外戚・不善の輩（伊尹・兼通・兼家）」が昇進を望んでいるとした部分にあり、続けて記主の実頼は自らを「揚名（名ばかり）の関白」と自嘲するのであるが、前半の冷泉の「病状」に関する報告は、どのように解釈すべきなのであろうか。

日を追って本病を発しているという延光の報告、高声で催馬楽や梵歌を歌っていたという佐理の報告、これまた高声で渡殿で放歌していたという師氏の報告は、冷泉が「狂気だということが明らかだったのである」と推断できるほどの根拠と言えるのであろうか。

すでに服部氏も、「この日記の目的は天皇の狂態を記述するためではなく、むしろ師輔の子伊尹らの専横を憤って記したものであることは言うまでもない」とされ、「外戚の権を持たない関白である実頼が、天皇の行動に対し批判的になるのもまた当然であろう」と結論付けられている。内裏で大声で歌を歌うということは、年も若かったうえに、陽気な性格を表わすものだとしても、「狂気」までを決定付ける根拠とは見なしがたいことは、言うまでもなかろう。もちろん、天皇に相応しい品格を備えていたかどうかは、また別の問題であるが。

・「元亨四年具注暦 幷 裏書」（田中勘兵衛氏旧蔵）寛治七年（一〇九三）十月十二日条（便宜、説話に番号を付す）

1．昔、冷泉院は永延の地震で、早朝、おっしゃって云ったことには、「池の中島に幄を立てよ。渡御するためである」と。そこで幄を立て、御簾を懸け、筵道を敷き、巳剋に渡御した。しばらくして大地震があった。遅く出た人は皆、圧伏された。人々が問い申すと、院がおっしゃられたことには、「今夜、九条大臣（師輔）が来て、申して云ったことには、『明日の午剋、地震があります。中島に渡りなされ』と云うことであった。そこで行なったものである」と。聞く者は涕泣した。「大臣の霊が守護し奉って、御身を離れなかった」と云うことだ。

2．故河内守（林）重通が語って云ったことには、「子供の頃、西宮にいた。人々は朱雀院との間の泥路の上を、歩板三、四枚を渡った。ところが朱雀院の方から、白髪の老翁が来た。髻取を放ち、裾を取り乱して橋を渡った。私が踏板の一端を動揺させたところ、翁は平伏した。急に朱雀院の方から蔵人二人が喘ぎながら走ってきて、翁を引っ張って帰って行った。後に聞いたところでは、あの翁は冷泉天皇であった」と。

3. 白河院の御乳母が子供であった時、冷泉院を見奉った。衣服は頗る鮮やかではなかった。おっしゃって云ったことには、「少々、御匣殿はいないか。衣服を調える人を、只今は御匣殿とするぞ」と。

4. 冷泉院が火事に遭われた時、入道殿（藤原道長）は、未だ着されていない練色の御衣を献上した。院は問われた。人はそのことを申した。院がおっしゃって云ったことには、「未だ天子がこのような色を着たのを聞いたことがない」と〈「御堂（道長）は大いに恥じ申された」と云うことだ。〉。

5. 故（源）経信卿が語られて云ったことには、「冷泉院は尋常でいらっしゃらなかった。脂燭で宮を焼こうとした。人々が申して云ったことには、『これは左大臣（道長）の家です。どうして恣に焼かれなさるのか』と。院がおっしゃって云ったことには、『富大王（道長）は、どうしてまた、家を作らないことがあろうか』」と。

6. 南院が焼亡した時、車に乗って東三条院の南の砌に避難された。公卿たちは庭に伺候した。院は車の後ろの簾を巻き、焼亡の方を向いて、神楽歌の「庭火」を歌われた。公卿がひそかに云ったことには、「過分の庭火である」と云うことだ。

7. 「狂われているが、尋常に復したことが有る時は、はなはだ美麗の人であった」と云うことだ。

8. 太子として狂乱した初めは、終日、足が傷むのも顧みず、鞠を蹴って、梁の上に留めようとした。人々は初めて怪しんだ。また、清涼殿に参上して、炬火屋の上に昇って坐られた。天暦（村上天皇）の御書状の返事に玉茎の形を書かれた。これらが狂乱の初めである。大嘗会御禊の日、尋常に復して渡られた〈美麗は極まり無かった。〉。

9. （藤原）懐子女御が参られ、狂乱の後、三条院および為尊・敦道親王を産んだ。

この裏書が、誰によって記されたものなのか明らかではないが、冷泉に関する九つの説話が記されている。はじめの二つは『続古事談』にも採られているものである。1は地震の予知、2は風体と徘徊、3・4は装束について語るが、3が装束が鮮やかでなかったことを語るのに対し、4は道長をもやり込める先例の指摘を語る。5は放火を語るが、道長に対する非難とも取れる。6は御所焼亡の際の放歌を語る。7は尋常時には美麗であったことを語る。8は東宮時代の狂乱の始まりを語る。9は懐子が三皇子を儲けたことを語るが、実際は懐子が産んだのは師貞親王（後の花山天皇）で、三皇子を産んだのは超子の方であった。

注意しなければならないのは、これらが説話の寄せ集めで、古記録の名に値するようなものではなかったという点である。服部氏が、「はたして当時の行動を如実に記したものか、それとも巷間に伝えられた話題を聞書きしたものかも明らかではない」と述べられたとおりである。土田氏がこれらを使って冷泉の「狂気」を事実として語られたとは、とても信じられない（信じたくない）思いである。

　また、たとえこれらの説話の中にいかほどかの史実が反映されていたとしても、これらが「狂気」の根拠になり得るとも思えない。この点も、服部氏が、「このような図（8の「玉茎」）を描いたからといって、天皇を狂人と考えることの当を得ないことは言うまでもない」と述べられている。

　加えるに、これらの中には、冷泉説話の本質が現われている。1では冷泉は師輔の霊に守られたが、4や5では道長と冷ややかな関係にあったことを示唆している。師輔の時代には、九条流藤原氏の繁栄をもたらすはずの、安子の産んだ皇子として尊重されていた冷泉が、道長の時代になると、むしろ道長家に繁栄をもたらす存在ではなくなる。道長の後見する新しい天皇家嫡流ではなくなった冷泉の存在を、これらははしなくも伝えてくれているのである。

　いま一つ、生母の名は間違っているが、冷泉が多くの皇子を儲けたことを、9は語っている。ここに天皇としての本質が潜んでいる。本人の能力はともかく、多くの皇子を儲けて皇統を伝えることこそ、天皇としての根源的な資質なのである。

・『台記』康治二年（一一四三）五月二十五日条

（藤原）伊通卿が談って云ったことには、「故（藤原）敦憲入道が語り、或る人がこれを書き置いた。その書に云ったことには、『清慎公（実頼）の書いた所には、三つの狂が有った』と。私は一つを忘れた」と。清慎公の日記には、冷泉院を、或いは「狂帝」と記し、或いは「狂主」と記している〈三つの狂が有った。その一つを忘れた。〉。清慎公は、その時の摂政で、賢名を以て称された。ところが主のことを「狂」と記した。天はその真意を知っているであろう。

伊通が『台記』の記主である藤原頼長に、敦憲が語って、ある人が記した話として伝えたものである。それによると、実頼の日記には、冷泉院を三度、「狂」と記しているというのである。敦憲の語ったのは、「狂帝」「狂主」であり、伊通はもう一つは忘れたとしているが、おそらくは先に述べた『清慎公記』の「狂乱」であろう。

渡辺氏が述べられたように、これらはストレス過多がもたらした感情的な発言であって（渡辺滋「冷泉朝における藤原実頼の立場」）、他人に見られることを想定していない、心の内の吐露である。政治的な不満から、天皇に対する不満をぶちまけた記述を以て、本当にその天皇が「狂気」であったと断じるわけにはいかない。

なお、敦憲は一〇四〇年代生まれで、一一二〇年代に死去したと見られる。冷泉の時代とは一五〇年以上を隔てた、しかも『清慎公記』を直接見たわけではないであろう情報によって云々（うんぬん）することの危険性は、言うまでもない。

以上、冷泉のことを語る古記録自体がきわめて少ないうえに、古記録類に見える冷泉説話も、多分に説話的であったり、感情的な表現であったりと、その史実性には問題があることが確認できた。

史書に見える冷泉天皇説話

次に史書に見える冷泉説話を見てみよう。

・『愚管抄（ぐかんしょう）』巻第四

冷泉院は御物怪（もののけ）によって、中一年で位を下りられた。……

冷泉院はほどなく、御物怪によって御薬（みくすり）（病悩）が頻（しき）りであったので、何となく世の中が動揺しているころであったからか、……

ここでは冷泉の物怪を語る。病悩を物怪のせいにしているのである。後の方の文は、安和の変の背景を冷泉の病悩に求めたものである。病悩の実態を語っていないところが特徴的である。

・『愚管抄』巻第七

冷泉院の後は、ひしと天下は執政の臣に随従したと見える。それに関して御堂（道長）までは摂籙の御心が、時の君を重視しないという心がまったくなくて、君が悪くいらっしゃることを、めでたく申し直しましたのを、君が不快に思って、円融・一条院などは、「自分を重視しないのか、世を自分の心に任せないことよ」などとお思いになられたのは、君の方が間違ったことと思われる。

こちらは冷泉が時代の転換点であったという歴史観である。いわゆる後期摂関政治の始まりを、このように表現しているのである。摂関政治における天皇と摂関との関係に関しては、かなりの誤解があるように思われるが、冷泉を一つの政治の転換点とみる認識は、早く『続本朝往生伝』をはじめ、他の書にも見られるものである。

・『神皇正統記』第六十三代　冷泉天皇

この天皇は邪気（物怪）がおありになったので、即位式の時、大極殿に出られることも難しかったからであろうか、紫宸殿でその儀が行なわれた。……この御門から天皇の号を称さない。……中古の時代の先賢の議であるけれども、断じて承服することはできない。

冷泉が紫宸殿で即位式を行なったことの理由を、邪気のせいとしている。この「邪気」を精神錯乱と断定することができないのは、言うまでもない。この説話は先行する『富家語』や『古事談』にも見えるものである。

後の文は、冷泉から天皇という君主号を称さなかったことを述べる（実際にはそうではないのだが）。ここでも冷泉が時代の転換点となったことを述べている。

「歴史物語」に見える冷泉天皇説話

次に、「歴史物語」に見える冷泉説話を考えてみよう。

・『栄花物語』巻第一「月の宴」

東宮（憲平）が四歳におなりであった年の三月に、元方の大納言がお亡くなりになったので、そののち一の宮（広平）も、その母の女御（祐姫）も後を追うようにして世を去られたことではある。きっとそのせいなのだろう、東宮はじつに奇怪な御物怪のために、どうかすると錯乱したご気分になられるのだった。まったくはた目にもいたわしくいらっしゃる折がしばしばであった。実をいえば、東宮は御容姿がどこまでも可愛らしく気品高くいらっしゃったのだが、これでは玉に瑕のついたかのようにお見受けされる。ただもう一大事として、御修法の壇をたくさん築いて、引き続きあれこれと万全をお尽しになるけれども、何の効験もない。まったく普通ではない心神、容貌の御有様である。何となく感じられるご様子や、お言葉遣いなどは、まだ小さくていらっしゃる人から受ける感じとはお見え申さず、不吉でいまわしく、いかにもいたわしい御有様である。

『栄花物語』は、平安時代のいわゆる「歴史物語」とされる文学作品である。正編三十巻は長元年間（一〇二八―三七）の成立、作者は赤染衛門とされるが、私は違うと考えている。おそらくはさらに後の時代に、道長の栄華を讃美するために記された作品であろう。その中には、特定の史観によって創作されたり、改変されたりした箇所も多い。

「歴史物語」というジャンル名は、あくまで近代（大正二年〈一九一三〉に刊行された芳賀矢一『國文學史概論』や、大正七年度〈一九一八年―一九一九年〉の芳賀矢一氏の東京帝國大學における講義「歴史物語の研究」〈後に『芳賀矢一遺著 日本文獻學 文法論 歴史物語』所収〉を嚆矢とする）の国文学史の産物であり、これを過度に歴史書視する見方は、作品の本質を見誤ることになる。なお、芳賀氏は「歴史物語」について、「仮構物語と相距る事、幾ばくもあらず」と評されている。

巻第一では、幼少時からの冷泉の「狂気」を、第一皇子広平の外祖父であった元方の霊と関連させて説明している。もちろん、『栄花物語』執筆時よりおそらくは百年以上も前の話であり、『栄花物語』の作者が冷泉の病状を記した原史料を参照したとも思えない。服部氏が、「天皇幼時の実態とは言えない。仮にこの状況が事実であったとしても、これだけで狂気の状況とは言い得ないであろう」と述べられたとおりである。

・『栄花物語』巻第一「月の宴」

冷泉帝は、正常の御心地でいらっしゃる折には、先帝（村上）にまことによくお似通い申しておられた。ご容貌は、この帝のほうが少々勝っておられたのである。惜しいことに、この帝は御物怪のひどくていらっしゃることだけが、じつに情けないことではある。

冷泉即位後の概観。正常時には美麗であったという、後世の説話に受け継がれる記述によって、元方の物怪を強調する。

・『栄花物語』巻第一「月の宴」

帝は御物怪がじつに気味悪くいらっしゃるから、しかるべき殿上人（てんじょうびと）や殿方は、怠りなく夜昼おそばに伺候しておられる。まことにそら恐しいご気分なので、「今日ご譲位あそばすか、明日ご譲位あそばすか」とばかり、聞きづらくお噂（うわさ）申すにつけて、帝と申すものは、一代はご治世がおだやかに長く、一代は短くてすぐにご譲位になるというのが必定（ひつじょう）であると取沙汰（とりざた）申しているが、今年は安和二年というにつけて、ご在位も三年におなりであるから、どうなるべき御有様かとばかりお見受けされる。

貴族たちが冷泉の譲位を取り沙汰しているなど、譲位に向けての伏線として描かれた記述であろう。また、これに続けて記されている安和の変を、冷泉の「狂気」と関連させようとする意図も見え隠れしている。

・『栄花物語』巻第三「さまざまのよろこび」

円融院はたいそう結構なご様子でお過しあそばす。冷泉院は嘆かわしく生きていらっしゃるかいもない御有様であるが、この院（円融院）は、たいそう大勢の人が心をお寄せして奉仕申しあげている。……

円融院がこのように申し分なくありたいものとお見えあそばすにつけても、一方、冷泉院の御有様をまず取沙汰申しあげるのだった。ああしたご様子でいらっしゃるが、そのようであられてさえ、そのご恩顧のもとにお仕え申している男女は、ただ、「観世音菩薩（かんぜおんぼさつ）が衆生（しゅじょう）を済度（さいど）するために、仮に人となり出現なさったのだ」とお噂申しあげている。かりそめにお召しになった御衣や御夜具などは、ご使用あそばすやそのままお下げ渡しになるので、われもわれもと競いいただくといった有様なので、冬なども院はたいそう寒そうにしていらっしゃるのも、まったくおそれ多いことである。

退位後の円融と冷泉を対比した箇所。円融皇統の正統性を主張する『栄花物語』の主題が、段々と露わになってくる。明と暗を対比するというのは、『栄花物語』のいつもの手法である。

その一方では、冷泉の慈愛をも描く。自分が寒い目をしてでも、仕えている男女に衣や夜具を下賜するという姿は、文字どおり「観音の示現」を主張しようとするのか、それともそれほど愚かな人物として描こうとしているのであろうか。いずれにしても、この部分が史実を描いた原史料に基づくものとは考えられない。

・『栄花物語』巻第十「ひかげのかづら」

こうして今は御禊や大嘗会など、公的にも私的にも大切な儀式の用意に大わらわでいらっしゃるが、そうした折も折、このごろ冷泉院のご不例という事態に立ち至ったので、まことに途方もないことになった。もとより御悩みは常々のことなので、「それにしても御命に別条はおわしますまい」などと油断していらっしゃったのだが、やはり気がかりなことだというので、殿の御前(道長)が参上なさって、ご病状を拝見なさったところ、たいそうお苦しそうにしていらっしゃるので、これはどうあそばされてかとお見あげ申しておられると、歌を大声張りあげてお謡いになる。これまでに例のないことではないけれど、「なんと情けないことを」とお見えあそばすのは、やはりご病気がもうふつうではいらっしゃらないと、ことにご重態にお見受けされるので、これは一大事とお思いになるが、院がそれでもさすがに殿をお見分け申される、それも無気味な感じなので、急いで退出なさった。

これは寛弘八年(一〇一一)の冷泉死去の直前の記事。道長が見舞いに参ったところ、冷泉は大声で歌を歌い、また道長を見分けるのが不気味であるというので、急いで退出したという。これは冷泉「狂気」譚を、この年紀に降ろして載せたものである。まさか死去の直前に歌を歌うとは思えないが、それも冷泉の「狂気」を強調するための作為であろうか。

この後、冷泉の物怪を理由として、道長が三条天皇の見舞いを阻止する記述が続き、そして冷泉は死去することになっている。

なお、『御堂関白記』によると、道長は実際にも八月三日、五日、九月六日、十月十九日と冷泉の見舞いに参っているが、十月十九日の記事は、次のようなものである。

> 冷泉院の許（東三条第南院）に参った。御病悩は甚だ重かった。そうではあったが、この何日か、私も病悩していたので、退出した。

死去した十月二十四日の記事は、次のとおり。

> 早朝、冷泉院の許に参った。御病悩が重かったのであるが、未剋に退出した。これは、この何日か、私は病悩してしまって、長い間、伺候することができない。そこで退出した。夜に入って、（橘）則隆が来て云ったことには、「冷泉院の御病悩は極めて重く、不覚です」と。そこで馳せ参った時に、崩じなされた。必要な事を命じておいて、深夜、退出した。

道長がすぐに退出したという伝えが、『栄花物語』の時代にまで残ったのか、それとも『栄花物語』では冷泉の「狂気」をよほど強調したかったのであろうか。

・『大鏡』地「右大臣師輔」

「このように、昔から今まで、限りなくお栄えになっていらっしゃる殿（師輔）にとって、ただ一つ、御孫に当られる冷泉院のご不例がちのご様子だけは、まことに情けなく、残念なことではいらっしゃいます」と世次の翁が言いますと、侍は、「しかし、何かというと、すぐこの冷泉天皇の御代が例に引かれるようですね」と言います。世次の翁は、「それは、どうして先例として引かずにはいられましょうや。その冷泉天皇が出現なされたからこそ、この藤原氏のご一門の方々が、今日にいたるまで栄えていらっしゃるのです。『もし冷泉天皇がお生れにならなかったら、昨日今日、やっとのこと自分たちも、諸大夫ぐらいの身分に出世し、あちらこちらの家の御前駆や雑役などに引き寄せられて歩いていたことでしょう』と、入道殿（道長）が、おっしゃられたそうですが、源民部卿（俊賢）は、『もしそんな堂々とした諸大夫がお仕えしていたら、どんなにか見苦しかったことでしょうね』と申されて、お笑いなさったそうです。このようなわけで、公私ともに、この冷泉天皇の御代のことを先例に引かれるのは、もっともなことなのです。この冷泉院には、御物怪が執念深くお憑きして、行幸などはいかがであろうかと、心配しておられましたが、大嘗会の御禊には、まことにきちんとしたご態度で行幸あそばされましたよ。『それはね、まざまざと人目に見えるくらいに、亡くなった九条殿（師輔）が天皇の背後からお抱き申しあげて、お輿の中にお付きしておいでになっていたのでした』と人が申したことでした。まったく九条殿は、ご生前にも、まるで常人とはお見えになりませんでしたから、ましてお亡くなりになって後は、そのように天皇のご守護の霊となられてまでもお付き添い申しあげなさったのでしょう」「それならばその霊が元方の民部卿や桓算供奉の怨霊を、追い払いのけなさりそうなものですね」「いや、それはまたそれで、そうなるべき前世のご応報であられたのでしょう。……」

『大鏡』も、平安時代のいわゆる「歴史物語」とされる文学作品である。十一世紀後半から十二世紀前半の成立と言われる。『栄花物語』より後の成立であることは確実であるから、十二世紀に入っているかもしれない。百九十歳の大宅世継と百八十歳の夏山繁樹という二人の老人が体験的に歴史を語り、若侍が口をはさむという巧みな会話形式をとる。道長家の政権獲得の正当性と、後一条天皇の即位の正統性を、まるで見てきたかのように語る。

この部分、師輔の功績を語った箇所で、その一環として、師輔の外孫であった冷泉の意義を語っている。道長家の栄華も冷泉が生まれたからこそという歴史認識（これはこれで正しいものである)、師輔の霊によって守護されていた冷泉、それにもかかわらず元方の怨霊によって病悩していた残念な冷泉という文脈である。
天皇個人の資質よりも、外戚の存在が権力を左右するという摂関政治の本質を衝いたものとして、事実関係はともかく、鋭い指摘となっている。冷泉の病悩も、師輔を語る一環として語られているため、遠慮がちに描かれている。

・『大鏡』地「太政大臣伊尹　謙徳公」

……ですから、源民部卿(俊賢)は、「冷泉院のお狂いよりも、花山院のお狂いのほうが始末に困ることだ」と申されましたので、入道殿は、「はなはだ不都合なことをも申されるものだな」とおっしゃりながらも、ひどく大笑いなさったのでした。

詳細は次の「花山天皇」のところで述べるが、花山の「狂気」よりも冷泉の「狂気」の方が「術」のあるものと、俊賢が語っている。主眼は花山の困った行動を語る場面であるが、冷泉の行動は花山よりも御しやすいという認識を語るものである。

・『大鏡』地「太政大臣伊尹 謙徳公」

父君冷泉院が、南院にお住まいでいらっしゃった時、火災にあわれた夜、……御親の冷泉院は、お車に乗り、二条と町尻との交差する辻に立っていらっしゃいました。……

それにまた、冷泉院がお車の内から声高らかに神楽歌をお謡いになったのには、あれやこれやおかしいことを見たり聞いたりするものだと感じたものでした。その時、高階明順殿が、「庭火が、本当に猛烈だね」と当意即妙の洒落をおっしゃったのには、並居る人々が、我慢しきれずにどっとお笑いになったことでした。

これも花山の奇矯なふるまいを語った説話の中に、冷泉が登場するというものである。自分の御所が焼けている最中に、避難していた車中から神楽歌を歌ったというものであるが、どうも冷泉説話には歌が付きまとうようである。

実際に冷泉院御所の東三条第南院が焼亡したのは、寛弘三年（一〇〇六）十月五日のことであるが、その日の『御堂関白記』は、次のような記事である。

亥剋の頃、南西の方角に火事が見えた。冷泉院御在所の東三条第南院である。馳

東三条第南院故地（京都市中京区下松屋町）

せ入った。冷泉院は、東三条第の西門にいらっしゃった。すぐに東対に御座の御室礼を行なった。夜遅く、土御門第に帰った。花山院が参られた。諸卿も皆、参入した。

先に挙げた「元亨四年具注暦幷裏書」の説話に尾鰭が付いて、『大鏡』のような話ができあがったのであろう。これも服部氏が、「著者が見たわけでなく伝説に基づいて記されたものであり、……このような話が伝えられたのは、前記『清慎公記』に記されたことが、巷間の話題となり、それが敷衍され誇張されて、このような記事となった」と述べられたとおりであろう。

・『大鏡』人「太政大臣道長下〈雑々物語〉」

このように、折節の催し事が引き立って格式があったというのも、村上天皇の天暦の御代までです。冷泉天皇の御代になってからは、なんと言っても、世の中は暗くふさがったような気持がしたものですよ。朝廷の綱紀がゆるんできたというのも、この冷泉天皇の御代からです。小野宮殿（実頼）も、摂政関白とは申しますものの、天皇とご血縁がなくなられまして、若くて威勢のよい天皇の御叔父君たちに万事おまかせ申しあげられ、従ってまた、冷泉天皇は言うまでもありません。

ここではミウチ政治としての摂関政治の本質を語っているが、その象徴として冷泉が登場する。冷泉から世が「暗れ塞がる心地」がするというのも、時代の閉塞感と言ってしまえばそれまでだが、何やら末世観の先駆の匂いも漂わせている。

以上の「歴史物語」に見える諸説話のほとんどが、何ら史実性を持たないものであることは明らかであろう。我々には、これらを鵜呑みにするのではなく、何故にこのような説話が作られたのかという視座で、これらを読むという態度が求められるのである。

説話集に見える冷泉天皇説話

最後に、説話集に見える冷泉説話を見てみよう。

・『江談抄』第二「雑事」―三「冷泉天皇、御璽の結緒を解き開かんとし給ふ事」

故小野宮右大臣（藤原実資）が語って云ったことには、「冷泉院がご在位の時、大入道殿〈（藤原）兼家。〉は急に参内するという気になった。そこで急いで単騎で馳せ参り、天皇の御在所を女房に尋ねた。女房が云ったことには、『夜の御殿にいらっしゃいます。ただ今、御璽の結緒を解いてお開きになっております』と云った。驚きながら小門を押し開いて参入した。女房の言ったとおり、筥の緒を解こうとしていた頃であった。そこで奪い取り、元のように結んだ」と云うことだ。

外戚として冷泉の異変を察知した兼家を賞揚するという意味もあるのかもしれないが、ここでは冷泉は御璽の緒を解いて開こうとするという愚行をはたらいている。先に見た陽成天皇の神璽の説話、後に見る冷泉の神璽や宝剣の説話と同根であることは明らかであるが、後でまとめてその意味を読み解くことにしよう。

・『富家語』一一〇

冷泉院は紫宸殿で即位式があった。これは称賛に値することである。主上は尋常ではいらっしゃらなかったので、大極殿でこの儀を行なわれたならば、きっと見苦しかったであろう。そこで小野宮殿（実頼）が沙汰されたのである。名高いことである。

冷泉院の即位式に関する説話である。ここでは実頼の沙汰の称賛が主眼となっている。『古事談』巻第一「王道 后宮」―一四も、ほぼ同趣である。

・『続古事談』巻第一「王道 后宮」―二

神璽・宝剣は神代から伝わって、帝の御守護なので、一切、開けたり抜いたりすることはない。冷泉院は正気がなくいらっしゃったのであろうか、神璽の箱の結緒を解いて開けようとされたところ、箱の中から白雲が立ち上った。天皇は恐れて棄（す）てられたので、紀（き）氏の内侍（ないし）が、元のようにからげた。宝剣をも抜こうとしたところ、夜御殿がぴかぴかと光ったので、恐れて抜かなかった。このような素晴らしい朝廷の御宝物は、目の前で失せてしまった。

『続古事談』は鎌倉初期の説話集で、編者不詳である。跋文によれば建保七年（承久元年、一二一九年）の成立である。

この説話は、作者の眼前で神璽・宝剣が失われたと付記し（壇ノ浦の合戦に参加したとでも言いたいのであろうか）、リアル感を演出している。なお、冷泉でいうと、神璽についてのみ『江談抄』に類話があるが、陽成についても、神璽と宝剣の両方について、『富家語』とそれに依拠した『古事談』に見られ、一挙に拡がりを持つものとなる。

つまり、言談を伝えた摂関家の者や説話を収録した者にとっては、その主人公が陽成であっても冷泉であっても、どちらでもいいのである。陽成と冷泉に共通するのは、即位した時点では天皇家の嫡流であったにもかかわらず、後に摂関家の祖となる権力者によって皇位から降ろされ、しかもその子孫も皇統から外されてしまったという点である。

皇位に相応しくない天皇、皇統を伝えられなかった天皇は、こんなとんでもないことをやらかしたのだという主張であろうが、実際には、こんなことをやらかしたので皇統を伝えられなかったのではなく、皇統を伝えられなかった天皇なのでこんな説話が形成され、これらの天皇が行なったことに付会されてしまったのである。

・『糸竹口伝』笛之宝物之事

「あの大水竜は冷泉院が物狂わしくいらっしゃる時、刀で歌口を削られたので、異なる竹でその跡を塞いだ」と、富家殿（藤原忠実）が申された。

『糸竹口伝』というのは、南北朝時代に成立した著者未詳の雅楽書である。ここでは名笛の大水竜の歌口を冷泉が削ったことになっている。

この説話は忠実が語ったことになっているが、現存する『富家語』には、この話はない。大水竜自体は、『枕草子』をはじめ、『江談抄』第三「雑事」―四八、『古事談』巻第六「亭宅　諸道」―九などに説話が見えるが、いずれも冷泉に言及したものではない。

先ほどの神璽・宝剣の説話から類推して、冷泉ならこれくらいのことはやりそうだというので、この説話が形成されたのであろうが、一方で皇統を嗣いだ一条天皇が竜笛の名手であると伝えられることを考えれば、それほど単純な話ではあるまい。

音楽を修得することは天皇の尊厳性を高め、音楽に理解が深い天皇の御代は聖代であるとも考えられた。天皇自身が楽器の奏者となって自らの威厳を高めると同時に、殿上人と共に音楽を楽しむという「君臣和楽」としての御遊が成立した。天皇の演奏する楽器は、宇多朝以降は琴であったが、円融朝以降はもっぱら横笛が奏された（豊永聡美『中世の天皇と音楽』）。

新たな皇統を創出し、それを後世にまで伝えていった一条が笛の名手であり、嫡流でありながら皇位から降ろされ、皇統も絶えさせた冷泉が名笛を削ったという対比は、あまりにも鮮やか過ぎよう。

冷泉天皇説話について

以上の冷泉説話を見てくると、共通するいくつかの特徴が指摘できる。

・大声で歌を歌う。
・火事に関わる説話が多い。
・装束に関わる説話が多い。
・時には尋常に復し、その時は美麗である。
・狂乱に関しては、東宮時代と上皇時代の説話が多い。
・神璽や宝剣を見ようとするなど、天皇権威を冒そうとする。

などに集約される。

これらのほとんどは、実際にこのような行為をはたらいたとは考えられないもので、たとえ行なわれたとしても、それだけで天皇失格と断じるわけにもいかない程度の、「若気の至り」の「陽気な天皇像」を語っているに過ぎない。

これもこれらの説話を作り、そして記録したのが、一条天皇以降の皇統に関係する人々、そして道長以降の摂関家に連なる人々であったことの意味は大きい。外祖父である師輔が常に冷泉を守護していたとされるのに対し、冷泉皇統を見捨てた道長が冷泉に敵対的に描かれるということが、それを如実に示すものである。

特に注目しなければならないのは、神璽・宝剣といった皇統に関わる宝器（レガリア）の権威を冒そうとする説話が繰り返し語られることと、それが陽成と混同されているということである。もう一度述べるが、即位した時点では天皇家の嫡流であったにもかかわらず、その時々の藤原氏の権力者によって皇位から降ろされ、しかもその子孫も皇統から外されてしまった彼らについて、皇位に相応しくない天皇、皇統を伝えられなかった天皇は、こんなとんでもないことをやらかすのだという政治的な主張が造作されたのである。

ここに彼らの「狂気」説話の本質を読み取るべきであろう。

3　両統迭立と後期摂関政治の開始

両統迭立と、嫡流としての冷泉系

当時の皇位継承を見ていくと、村上天皇の後、皇統は冷泉系と円融系に分かれ、順に皇位を嗣ぐ迭立状態にあった（七頁系図参照）。村上以降の皇位は、冷泉、円融、冷泉系の花山、円融系の一条と受け嗣がれ、冷泉系の三条、円融系の敦成皇太子（一条皇子、後の後一条）、というように、交互に天皇位を嗣いでいった。

後に冷泉系の敦明皇太子（三条皇子）が皇太子の地位を辞退し、一条皇子の敦良（後の後朱雀）が立太子したことによって、円融―一条皇統の独占が確立したのであるが、結果的に一条の子孫が皇位を嗣いだことによって、あたかも最初から円融系が天皇家の嫡流であったかのような認識に陥りがちである。しかし、歴史というものは、すでに起こってしまった結果のみを以て、過去を論じてはならない（「歴史の後智慧」）。

円融系皇統といっても、懐仁（後の一条）には弟はおらず、一条もなかなか皇子を儲けられなかった。それに対して冷泉系皇統は、冷泉皇子である居貞（後の三条）・為尊・敦道親王が兼家の政治的後見を受け続けていた。兼家が幼帝の一条しか存在しない円融系皇統を見限り、冷泉系皇統が皇位を嗣ぎ続けるという可能性も、大いにあり得た。一条の時点までの情況としては、圧倒的に冷泉系皇統の方が優位に立っていたのである（倉本一宏『一条天皇』）。

後期摂関政治と「狂気」説話

そしてそれは、「後期摂関政治」と呼ばれる政治体制の確立と不可分のものであった。実頼や頼忠などの小野宮流を政権から遠ざけ、九条流師輔の男である伊尹・兼通・兼家といった兄弟がそれぞれの女を天皇の後宮に入れ、所生の皇子を後見する、そしてその中から次代の皇太子を選定する争いを起こすという繰り返しが、皇統の選別と確立をもたらしたのである。

もちろん、各人が特定の皇統のみを後見していたのではなく、兼家にしても次世代の道隆・道長にしても、両皇統に女を入れるという目配りを忘れなかった。その中で、無事にキサキが皇子を産み、立太子して天皇位を嗣ぐことのできた皇統が、後世にまで生き残ったのである。

その一方で、皇統を嗣ぐことのできなかった天皇や皇子には、「狂気」説話が作られることになった。彼らは「狂気」の天皇であったから皇統を嗣ぐことができなかったのではなく、皇統を嗣ぐことができなかったから「狂気」の天皇とされたのである。

そこには、新たな皇統の祖となった「聖帝」の子孫たち、また皇統を確立させた摂関家の子孫たちの政治的思惑が見え隠れしている。いかなる者たちによって説話が作られ、そして次々と拡散して新たな説話を生み、語り継がれていったか、それは明らかであろう。

冷泉天皇の死

二十歳で退位した冷泉は、四十二年間を上皇として過ごしたが、寛弘八年（一〇一一）八月二日の夜に「霍乱」に倒れ（『小右記』）、十月十九日に重態となり、二十四日、ついに東三条第南院において死去した（『御堂関白記』『権記』『日本紀略』）。

冷泉の葬送は、十一月十六日に東山の桜本寺の前野において行なわれ（『御堂関白記』『権記』『小右記』『日本紀略』）、遺骨はその山傍に埋葬された（『日本紀略』）。明治二十二年（一八八九）になって櫻本陵（現京都市左京区鹿ヶ谷法然院町）が造られている。元々は北塚と呼ばれていた古墳である。

なお、冷泉の在位足かけ三年（実質二年三箇月）という治世は、平安時代としてはきわめて短いものである。この点については、後でまとめて述べよう。

もう一つ、冷泉には特筆すべき「業績」がある。若年時からの多くの皇子を儲けたということである。桓武から後白河までの平安時代の二十七人の天皇（皇子女を残さなかった近衛を除く）が、何歳で最初の皇子女を儲けることができたかを計算してみ

櫻本陵

たところ、平均で二十一・四歳、最年少でも十五歳に至るまでは皇子女を儲け得てはいないのであるが、この十五歳の父親こそ冷泉なのである。

まず藤原伊尹の女の懐子が康保元年（九六四）に宗子内親王、康保三年（九六六）に尊子内親王、安和元年（九六八）に師貞親王（後の花山）を産んだ。宗子が冷泉十五歳の時の子、花山が十九歳の時の子ということになる。次いで退位後になるが、藤原兼家の女の超子が天延元年（九七三）に光子内親王、貞元元年（九七六）に居貞親王（後の三条）、貞元二年（九七七）に為尊親王、天元四年（九八一）に敦道親王を産んでいる。朱雀皇女の昌子内親王、藤原師輔の女の怤子からは皇子女の誕生がなかったというのは、体質的な問題か、それとも冷泉の政治的選択によるものであろうか。

天皇にとって最も重要な責務が、後世に皇統を伝えることであるとすれば、十五歳から子を儲け、十九歳で皇子を儲け、合わせて四人の皇子を残したというのは、きわめて天晴れな資質であると言えよう。しかもいずれも摂関の女を生母とする、立太子に何の問題もない皇子ばかりである。

逆に言えば、このあたりに冷泉「狂気」説話が形成される秘密が隠されているのかもしれない。

歌人としての冷泉天皇

最後に、歌人としての冷泉に触れておこう。歌人としては、冷泉は『詞花和歌集』以下、『新古今和歌集』『新千載和歌集』『新続古今和歌集』といった勅撰集に四首入集し、家集『冷泉院御集』があった。

『詞花和歌集』三三二の歌などは、花山院が冷泉院に筍を奉献し、「この世に生きてゆく価値もない子は、自分の積むべき年を父帝に奉る」という歌を添えたものの返歌で、

年へぬる 竹のよはひを 返しても 子のよをながく なさむとぞ思ふ

（年とった親の齢を返してでも、子の寿命を長くしたいと思うのです）

というものである。若くして皇位を追われ、皇統も伝えることのできない父子の悲哀が伝わってくるようである。

このような和歌を残せる人物が、「狂人」でなかったことは、言うまでもない。

第四章　花山天皇の「狂気」説話

花山天皇は、「狂気」と天才の入り交じったとされる特異な個性によって、摂関期の政治と文化に独自の光芒を放つ存在である。しかし、しばしばその天才は、「狂気」の裏返しとして語られる傾向、そして父である冷泉天皇との遺伝的要素が云々される傾向が強い。

たとえば土田直鎮氏が、「この花山天皇も父冷泉天皇の狂気を何分か受けたのだろうか、妙なふるまいもあったらしい」とか、「花山天皇は出家ののち、熊野をはじめ各地で修行を重ね、熊野では病中、石を枕に休息するというような苦行を積んで、数年ののちに帰京した。冷泉天皇が終日鞠を蹴りつづけたり、花山天皇が異常なまでに忯子の薨去を悲しんだりしたところを見ると、この系統にはやや偏執的なところがあったのではなかろうか。多少異常なところは残っていたが、この熱が一転して仏道に集中すれば、そこに相当の成果が上がったことと察せられる」と述べられたごとくである（土田直鎮『王朝の貴族』）。もちろん、熊野や鞠や忯子云々が多分に説話に過ぎないことは、言うまでもない。

この本の最後に、花山の生涯と説話、そして摂関政治と皇統の確立について述べよう。修行説話については、『平安朝 皇位継承の闇』に史料を追加して補完する。

1　花山天皇の人物像と退位

花山天皇の人物像

花山天皇は安和元年（九六八）、冷泉天皇の第一皇子として生まれた。諱は師貞。母は藤原伊尹の女の懐子。安和二年に円融天皇の東宮となった。永観二年（九八四）に十七歳で即位し、外舅義懐（伊尹の男）や藤原惟成（花山の乳母子）を側近とし、格後の荘園の停止や、破銭を嫌うことを停止するなど、積極的な政治を行なった（阿部猛「花山朝の評価」）。

しかし、一年十箇月後の寛和二年（九八六）六月二十三日、藤原兼家らの策略によって突然退位し、花山寺（元慶寺）で出家した。なお、これは女御忯子の死とは直接の関係はない。

退位後は各地で仏道修行を行ない、帰京後は色好みと風流の日々を過ごしたとされ、上皇生活二十一年八箇月の後、寛弘五年（一〇〇八）に四十一歳で死去した。

この花山の人物像について、諸書はどのように記述しているであろうか。まずは辞書類を見てみよう。『岩波日本史辞典』では、「仏道修行・文芸・色好みなどの逸話が

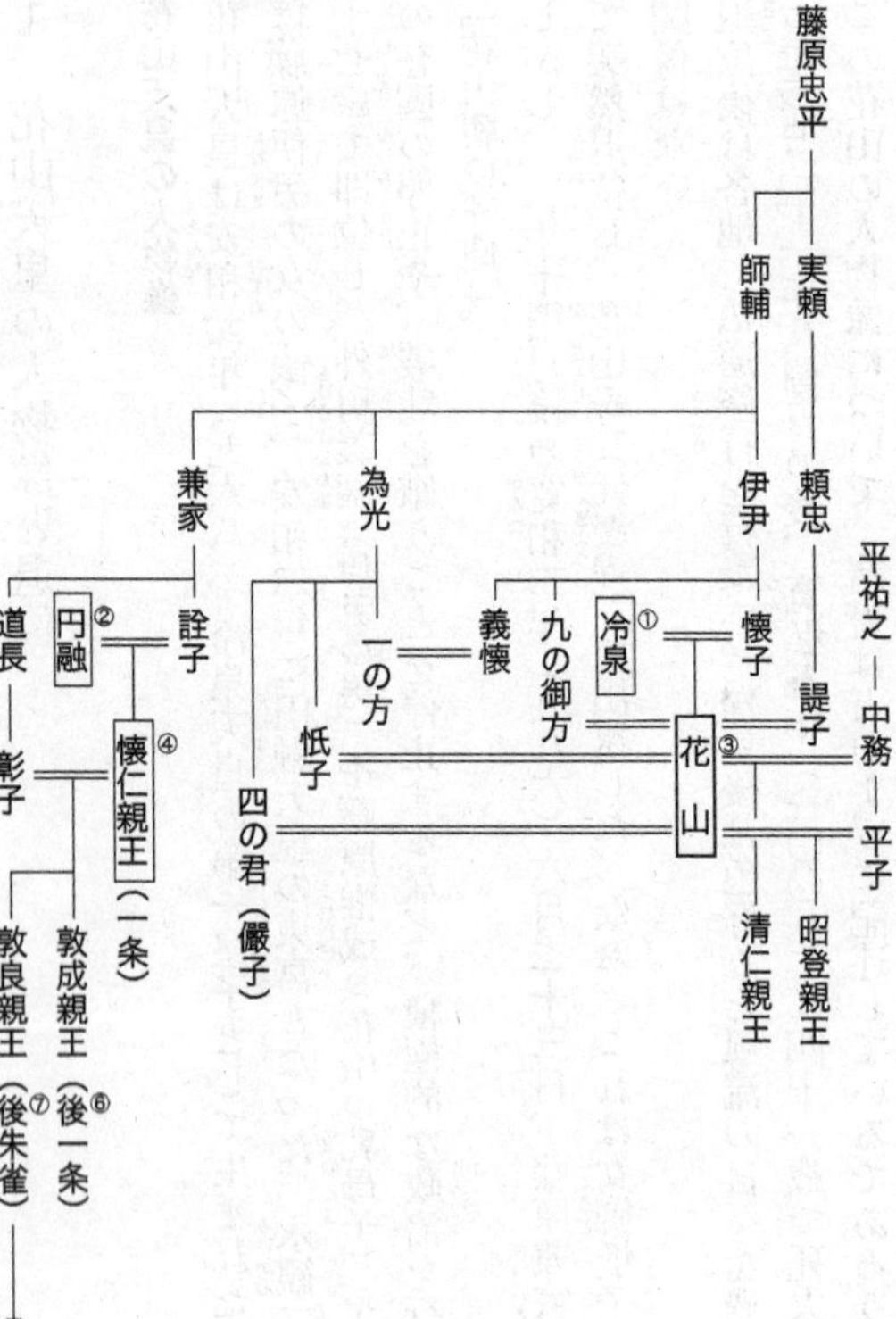

藤原忠平
実頼
師輔
頼忠
伊尹
為光
兼家
平祐之
中務
平子
諟子
懐子
冷泉①
九の御方
義懐
一の方
忯子
四の君（儼子）
花山③
昭登親王
清仁親王
詮子
円融②
道長
懐仁親王④（一条）
彰子
敦成親王⑥（後一条）
敦良親王⑦（後朱雀）
（丸数字は即位順）

多い」と、『国史大辞典』では、「花山法皇は同年七月播磨国の書写山に赴いて性空に結縁し、ついで叡山に登って廻心戒を受け、さらに熊野に入るなど、仏道修行に励んだ。しかし帰京して後には、東院（花山院）の『九の御方』（伊尹の女）のもとに住み、また乳母の女中務とその女を母子ともに寵愛するなど、色好みの名をほしいままにした。藤原為光の女に通ったことから、藤原伊周に誤解されて矢を射かけられた事件は、伊周と藤原道長の政権争いに重大な影響を及ぼした。花山法皇はまた『風流者』（『大鏡』）としてもきこえ、和歌をはじめとして、絵画・建築・工芸・造園などに非凡の才能を示した」と、『日本史大事典』では、「出家後の天皇は書写山、叡山、熊野等に赴き仏道修行に励んだが、伊尹女（九の御方）ほか多く女性とかかわり、色好みの名を立てられ、……」と、『平安時代史事典』では、「書写山へ参詣、また叡山・熊野に長期間滞在修行し、正暦三年（九九二）ごろ帰京。東院に住み、以後は寛弘五年二月八日の崩御まで風流三昧の生活を送った。……歌風は、陰鬱悲傷の述懐と、その反面新奇を以て人の意表をつこうとする点に特色がある。絵画にも巧みであり、工芸・造園・建築のデザインや設計にも優れていて、『大鏡』三は『風流者』と呼んでいる」といった具合で、いずれも一致して花山の仏道修行・文芸・色好みを語っている。

なお、『新編 日本古典文学全集 大鏡』「人物一覧」では、「天皇の性格はそうとうに色めかしく、在位中は何人もの女御をときめかし、遜位後も、のちには寺にも帰らず花山院に安住して、御乳母とその女の中務母子をともに愛してどちらにも皇子を産ませるなど、在俗時にもまして惑溺の生活であった。……即位の日に、褰帳命婦を勤める馬内侍を高御座のうちに引き入れたなどの奇矯・乱行の質は、なかなか単純ではない」という、虚実入りまじったよくわからない解説をしている（なお、花山の皇子を産んだとされるのは、九の御方の乳母子の中務と、その女の平子である）。

今井源衛『花山院の生涯』

このようななか、花山には画期的な人物伝が存在する。今井源衛『花山院の生涯』である。次に今井氏の論説を要約してみる（以下、今井氏の説はすべてこの書による）。まず今井氏は、花山が「狂気の父」を持ち、後見の外祖父伊尹を五歳にして失い、ついで八歳の時に母懐子を失って孤児となり、祖母恵子女王に育てられたことを重視された。

そして父祖ゆずりの多感の質に加え、ばば育ちによって社会的訓練に欠け、感情や意志の制御に及ばぬところができたと推論された。

退位の事情について、忯子の死後半年にして新たに婉子女王（村上皇子為平親王の女）が入内している事実は、忯子の死に対する悲嘆がそのまま帝の退位を呼び起こすものとする『栄花物語』の説を強く否定するものと考えられた。また、『栄花物語』

が口を極めて説いている天皇の好色沙汰なるものも、一つの女房的偏見に満ちた結論であるとして、退位直前の政局は天皇にとって絶望的なものであり、天皇の宮廷脱出は根本的にはこうした背景の圧力であったと推定された。

その一方で、花山は在位時代から度外れの遊興に耽り、奇矯偏執のふるまいをして、世人の顰蹙を買ったともされた。それは晩年も変わりはないとのことで、

・乱脈を極める女性関係
・奇矯非常識な言動
・人目を驚かせる風流数寄な生活

の三点に集約された。

そのうえで、これらは冷泉の精神病の遺伝の嫌疑は大であって、花山も何らかの精神異常が全生涯に亘って現われていると「診断」された。

ただし、冷泉院のような支離滅裂の人格喪失の現象は全く窺えないとして、花山は分裂症ではなく、躁鬱病であると結論付けられた。饒舌、偏執的行動と沈黙退嬰、傲岸尊大と憂鬱悲観の両期間が周期的に交替することや、両親の系譜や為尊・敦道の「軽々」の行状などが、その根拠とされる。

今井氏によると、花山は「冷泉譲りの精神異常者」であるということになるが、一面では、『大鏡』以下の文学作品の史実性には随分と疑義を差しはさまれているので

あるから、読む方はとまどってしまう。個々の説話に対する今井氏のお考えは、後にその都度引くことにしよう。

精神医学からの「診断」

一方、精神医学の分野からも、今井氏の著作に刺激されて、花山に言及する論考が現われた。精神神経科学・医療社会学が専門の高橋正雄氏は、「今井が列挙している奇行は必ずしも躁鬱病を示すエピソードとは言えず、特に、花山院の奇行が生涯にわたって続いたことを躁鬱病の根拠としていることは、一般に躁鬱病が反復性の経過をとることと矛盾している」として今井氏の「診断」を批判され、「統合失調症である冷泉院からの遺伝を重視しながら躁鬱病とする見解にも理解しがたいものがある」と断定された。

ただし、高橋氏は、花山が躁鬱病であるということには反対されたが、花山が何らかの精神疾患を抱えていること、冷泉が統合失調症であることは認めておられるようで、花山の芸術性を、「病と創造性の関係を論じることのできる最も早期の人物の一人」と認定され、「統合失調症の親から生まれた子供の芸術的な感性」を、特筆すべきものとして注目されている（以上、高橋正雄「今井源衛の『花山院の生涯』」）。

これらに対し、服部敏良氏は、花山の狂態として諸書に記された行動が、果たして実事なりや否やに問題があろうと考えられ、仮に実事であったとしても、これを狂気の行動と言い、天皇が精神病者であったと言い得るであろうかという、至極当たり前の疑問を呈された。そして、「花山天皇の行動に関しては、前述の各項が実事なりや否やにも問題があろうが、よしんばこれを事実としても、これだけでは天皇を精神病者として取り扱うことには躊躇せざるを得ない」との結論に達せられたのである（服部敏良『王朝貴族の病状診断』。以下、服部氏の説はすべてこの書による）。

その事情としては、「天皇の行動が、天皇を退位せしめてみずから外戚の権を握らんとする兼家の乗ずるところとなり、ことさらに誇大に強調され、やがて天皇の狂態として世に喧伝されたものと言うべきではなかろうか」と推論されている。歴史学や国文学の専門家ではない服部氏の方が、はるかに冷静で的確な認識と言うべきであろう。

以上の推論に対し、近年、歴史学からは、春名宏昭氏が、平城天皇の行状を論じられた際に花山に言及され、「花山天皇は奇行が目立ったなどと評されることもあるが、いたってまともな人物で、平安時代の貴族社会を生きた典型的な人物である」と評された（春名宏昭『平城天皇』）。さすがの眼識と称すべきであろう。

以上、花山の人物像に関する諸説を眺めてきた。花山の行状や「狂気」に関わる史料や説話類の史実性が、大きなポイントとなるであろうことは、言うまでもない。次にこれらの史料を分析してみよう。

2　花山天皇の「狂気」説話

古記録類に見える花山天皇説話

実は同時代の古記録類には、花山の「狂気」を示すような記事は存在しない。もしも花山に何らかの奇行があったならば、古記録の記主たち、特に蔵人頭として花山の側近に侍していた藤原実資などは詳細に記録するはずであるが、『小右記』に記しているのは普通に天皇としての政務や儀式を行なっている記事ばかりで、別段変わった記事は見あたらないのである。

同時代の古記録類に登場する花山は、道長と和歌の贈答を行なったり（『御堂関白記』寛弘元年〈一〇〇四〉二月六日条）、道長と同車して白河に花見に出かけたり（『御堂関白記』『権記』寛弘元年三月二十八日条）、道長の土御門第に行幸して競馬を覧たり（『御堂関白記』寛弘元年五月二十七日条）、歌合を行なったりと（『小右記』寛弘二年〈一〇〇五〉八月五日条）、風流な生活を送る一方で、御読経を行なったり（『小右記』永祚元年〈九八九〉十月二十一日条）、開眼した仏経を供養したり（『権記』寛弘元年十二月二十三日条）といった仏道修行の生活を続けている。

花山は一条天皇とは皇統を異にしており、直接的に親権を及ぼすことはできなかったから、退位後は政治的にはまったく無力であった。このような日々に終始するというのも、致し方のないところだったのであろう。

花山の従者と隆家の従者が闘乱を行なったり（『三条西家重書古文書』一所引『野略抄』〈『小右記』の逸文〉長徳二年〈九九六〉正月十六日条）、花山の院司が公任と斉信の牛童に濫行をはたらいたり（『小右記』長徳三年〈九九七〉四月十六日条）、道長前駆の従者が花山院で追捕される事件が起こったりしているのは（『御堂関白記』『権記』寛弘二年九月四日条）、まったく例外的なものである。

なお、最初の事件は、伊周と隆家が失脚するきっかけとなった事件であるが、それについては後に述べよう。また、書寫山の性空像に関する『権記』の記事、熊野御幸の停止に関する『権記』と『小右記』の記事についても、後に述べることとする。

ただ一つ、気になる記事がある。『小右記』永観二年（九八四）十月十日条に記されているのは、花山自身の即位式であるが、そこで花山は、玉冠が重いので気上せするというので、これを脱ぎそうになったのである。この儀式における違例はこれだけなのであり、翳を執る女嬬や威儀命婦・褰帳命婦たちも、式次第どおりに儀式を執り行なったのであるが（儀式にうるさい実資も、「次々の式次第は、云々。式のとおりであった」と記している）、これが後世、とんでもない説話となって復活することになる。

高御座（平城宮「第一次大極殿」）

これも詳しくは後に述べよう。

こうなると、花山の奇矯なふるまいや「狂気」というのは、多分に後世に作られたものであることが了解されよう。先にも触れたが、『玉葉』元暦元年（一一八四）六月十七日条は、後白河院の行状を批判したものであるが、その中に、

> 昔の狂主陽成・花山天皇といっても、こんな馬鹿げた話は聞いたことがない。

という文があるのは、この平安末期頃までに花山に対する評価が定まってきていたことを示している。

「歴史物語」に見える花山天皇説話

次に、いわゆる「歴史物語(れきしものがたり)」に見える花山説話を見てみよう。まずは『栄花物語』である。

・『栄花物語』巻第二「花山たづぬる中納言」

こうして女御（忯子）が参内(さんだい)なさったので、帝は心底からうれしくおぼしめして、夜も昼もそのまま、お食膳にもおつきにならず、お部屋に入ってお寝(やす)みあそばした。「あまりといえばあまりの愚かしさよ」と、そうまで宮中ではみなお噂(うわさ)申している。……

帝は泣く泣く御暇(いとま)をお許しあそばすが、それでも御輦車(てぐるま)を引き出していよいよ退出なさる間際まで、お見送りにお立ち出でになられた。

懐妊(かいにん)中の忯子を無理に参内させ、四六時中寵愛する花山を描く。その愚かさを皆が非難することで、忯子の薨去(こうきょ)は花山のせいである、そして花山の出家は忯子の薨去のせいであるという伏線を敷いている。もちろん、史実かどうかは確認できない。

後年、懐妊した定子(ていし)を参内させて寵愛したのは一条天皇なのであり（『日本紀略(にほんきりゃく)』）、公卿(くぎょう)層に実際に非難されているのであるが（『御堂関白記』『小右記』）、『栄花物語』にはもちろん、一条に対する批判めいた記述はない。

忯子が内裏を退出する際に花山が未練がましく引き留めているのも、「好色な花山」というイメージを強調し、花山の行動を非難するためのものであろう。今井氏は、『栄花物語』が口を極めて説いている天皇の好色沙汰なるものも、一つの女房的偏見に満ちた結論である」と述べられているし、服部氏も、「ただちに天皇の性格に異常性があるが故と考えることは、必ずしも妥当とは言い得ない」と述べられている。従うべきであろう。

別に花山だけが取りたてて好色だったわけではないし、たとえ好色であったとしても、それで天皇として非難される謂われはないのである。

・『栄花物語』巻第二「花山たづぬる中納言」

帝も閉じこもっていらっしゃって、御声も惜しまず、まったくみっともないくらいにお泣きあそばす。御乳母たちがおとめ申しあげるが、お聞き入れにならず、何ともいたましいことである。……

どこまでも際限なく御胸に悶えていらっしゃる。夜一夜お寝みにならず、亡き女御をお偲びあそばす。

忯子が薨去した後の花山の嘆きを描く部分。後の花山の出家の伏線としての意味を持つものであろう。それにしても、その嘆き方の描写は、常人のそれのものではない。よほど花山の異常性を強調したいのであろう。

・『栄花物語』巻第二「花山たづぬる中納言」

> こうした帝の御胸にどうしてか仏を尊ぶ道心に傾かれる折が多く、……突然帝のお姿が見えなくおなりとて大騒ぎである。……夏の短夜も明けて、中納言（義懐）や惟成の弁などが花山にたずねていらっしゃったのだった。なんとそこに帝は目もつぶらかな小法師の姿でちゃんと控えていらっしゃるではないか。

花山が内裏を出奔し、元慶寺で出家した際の描写。『栄花物語』では、忯子が薨じ、葬送が行なわれた記事の直後に、この記事が置かれているが、史実としては、花山の退位は忯子の死の一年後のことである。

しかも、その間、忯子の死後半年に新たに婉子女王が入内しているのである。今井

元慶寺現況（京都市山科区北花山河原町）

氏が述べられたように、この事実は、忯子の死に対する悲嘆がそのまま花山の退位を呼び起こすものとする『栄花物語』の主張を強く否定するものである。

実際には、花山出家という陰謀が実行された背景には、藤原良房以来の外祖父摂政の地位を獲得したいという兼家の政治的野望があったことは確実なのであるが、それに加えて、公卿層全体の意向という視点も見逃せない。花山が地位の低い義懐や惟成を抜擢して新政を主導し、関白の頼忠や東宮外祖父の兼家の政治力を抑制しているという政務運営の状況は、公卿層全体にとっても、決して好ましい状態ではなかったはずだからである。

これ以降、花山出家の説話は、『大鏡』『江談抄』『古事談』『十訓抄』『古今著聞集』『沙石集』など、多くの文学作品に取り上げられている。やはりよほど特異な事件ではあったのであろう。

・『栄花物語』巻第四「みはてぬゆめ」

こうしているうちに、花山院は、東院の九の御方（伊尹女）のもとに、ほんのかりそめにお通いあそばすうちに、御乳母の女で、中務（平祐之女）といって、毎日ご覧になっていらっしゃった女のなかで、はじめは別に何のおぼしめしもなかったのだが、どのような事の成行きだったのだろうか、この女をお召しになって御足などをもませていらっしゃるうちに仲よくおなりになり、ご執着あそばして、寺へもお戻りにならず、しんみりと何日かをお過しになられる。……院は、ただ今はこの東院にお腰をすえられて、世の政にお指図なさる。世間でもじっさいあってほしくないことと思い申しあげている。飯室の入道（義懐）も、案の定だ、あのように愚かしい御有様よ、こうしたことがおありになるにちがいないと心配していたのだ、と心中に思っていらっしゃるのだろう。

退位後の好色の様子を描いた記事。「東院」とは邸第としての花山院のこと。花山

花山院故地（京都市上京区京都御苑）

は、ここで九の御方に通ったうえ、乳母子の中務を召人として寵愛し、寺にも戻らない。

ここまでは実際にあったことかもしれないが、「世の政」に関与することは、あり得ることではない。花山は一条に親権を及ぼすことはできなかったのである。外戚である義懐が花山の愚かさを嘆く描写（作者が勝手に推測しているだけであるが）と併せ、花山の理不尽ぶりを強調するための作文であろう。

・『栄花物語』巻第四「みはてぬゆめ」

院は何ぞにつけてはなやかに、風流好みのお方でいらっしゃったが、なおさらのこと今では、万事どうともなるがよいと向こう見ずのお気持になっていらっしゃるにつけても、かりそめの頼りないこの世に、どうしてそんなふるまいをなさるのだろうかとお見えになる。こうしているうちに中務の女で、若狭守（平）祐忠といった男の生ませた女をも、院が召し出してお使いあそばしているうちに、中務とその女とは親と子でありながらともども身ごもって、常軌のはずれたことが出来したのだった。

先ほどの中務とその女（平子）とを、続けて懐妊させるという、とんでもない行状を語る。このこと自体は史実であった可能性もあるものの（確実な史料はないのだが）、『栄花物語』の描写は、花山の異常性を強調する。

・『栄花物語』巻第四「みはてぬゆめ」

こうしているうちに、花山院がこの四の君（藤原儼子）の御もとに御懸想文をおさしあげになり、ご意中をほのめかしあそばしたのだったが、とんでもないこととして聞き入れようとはなさらなかったので、たびたびご自身からお訪ねになられてははなやかにふるまっていらっしゃったのを、内大臣殿（伊周）は、「まさか院のお相手は四の君ではあるまい。この三の君のことなのだろう」と当て推量なさって、兄弟の中納言（隆家）に、「この件はどうも穏やかならぬものと思われてならぬ。どうしたものか」と申されると、中納言は、「いや、何もかもこのわたしにお任せなされ。いとも簡単なことです」と言って、しかるべき部下を二、三人お連れになって、あの花山院が鷹司殿から月のまことに明るいなかを御馬を召してお帰りあそばしたのだったが、そこをおどし申そうとのおつもりであるから、弓矢というものを何やらなさるということになったではないか、そこで院のお召物の袖を矢が貫いたというわけであった。あれほどたいそう勇ましくいらっしゃる院ではあっても、それには限りがおありであるから、どうして恐ろしくお思いにならぬことがあろう、まったくなすすべもなく情けなくうちひしがれたお気持で御所にお帰りになったが、もう何をお考えになる力も失せていらっしゃるのだった。

中関白家の伊周・隆家が失脚した、いわゆる「長徳の変」の発端を語る記事。花山が通う相手を伊周が誤解し、隆家が花山に矢を射たことになっているが、史実として確認できるのは、『三条西家重書古文書』が引く『野略抄』（『小右記』の逸文）長徳二年（九九六）正月十六日条の、右府（道長）の書状に云ったことには、「花山法皇が、内大臣・中納言隆家と故一条太政大臣（為光）の家で相遇し、闘乱が起こった。御童子二人を殺害し、首を取って持ち去った」と云うことだ。

という記事からわかるように、花山と伊周・隆家が、故為光家（一条第）で遭遇して闘乱に及び、花山の随身していた童子二人が殺害されて首を持ち去られたという、従者同士の闘乱である。伊周・隆家の配流宣命（『小右記』長徳二年四月二十四日条）に見える二人の罪状に「花山法皇を射る事」とあるのは、「法皇の御在所を射奉った」（『日本紀略』長徳二年正月十六日条）とあるように、闘乱の過程で花山の坐していた輿に矢が放たれたという事態が起こったことを指し、花山自身を狙ったわけではあるまい。なお、『小記目録』には、「花山法皇と隆家卿と、闘乱の事」とあり、花山の従者と闘乱を行なったのは隆家の従者であったようである。

ここでも『栄花物語』は、好色にして軽はずみな花山像を描く。また、道長の政敵としての伊周の皇威を怖れぬ悪行を語るが、いくら何でも太上天皇そのものに矢を射かけるなどということが、実際に行なわれたとは考えられない。『小右記』の配流宣命を曲解し、これを潤色することで、このような説話が生まれたのであろう。

・『栄花物語』巻第八「はつはな」

花山院の御車は金の漆などいうようにお塗りになってあった。網代の御車を全体にいいようもなくりっぱにお造りあそばしている。それは、まさにこんなふうにしてみるべきだったかと思われるみごとさであった。お供に大童子の大柄で年輩の者四十人、中童子二十人、召次といった輩やもとのままの俗体の者どもが奉仕している。御車の後ろに殿上人が連れだって、さまざまの衣装で、赤い色の扇をひらひらさせながら、御桟敷の前を何度もあちこちしておられる有様は、普通の年であったらこうまで派手にはなさらなくともなどと、殿（道長）はきっとお見あげ申されるにちがいないところだが、使の君（藤原頼通）が引き立ってお見えになることとお思いになって、上達部はついほほえみ、殿の御前（道長）は「やはり一趣向おありあそばす院でいらっしゃること。この子が祭の使に立つ年には、ご自身が花をそえてやろうと仰せられたと聞いたが、そのとおり思いがけずお出ましくださったものよ」と言われて、一同、興あることと拝聴しておられる。

賀茂祭見物の際の車の意匠と、派手な供奉者を語る記事。後に『大鏡』でも語られる花山の美的センスであるが、この場合、道長との友好的な交流が主題となっている。

これは寛弘二年のこととされるが、前年の春日祭に頼通が勅使となった際にも、道長と花山は和歌の贈答を行なっている（『御堂関白記』『栄花物語』）。

・『栄花物語』巻第八「はつはな」

三月ごろ、花山院は、五の宮、六の宮をお喜ばせなさろうとて、鶏合をおさせあそばしお見せ申しあげなさる。……

京中の若者たちを五の宮方、六の宮方に組み分けして、思い思いに沸き立ち、都の外にまで出かけて挑みあい大騒ぎするのだった。このような派手なことのあれこれを殿はお耳になさって、「控え目に目立たぬようになさるのがよいのに、いやはやどんなものか」と噂をお聞き申しあげておられる間、院の内の有様といい、お取り決めになったことのあれこれは、まったく仰山に大がかりなものである。

……

いよいよ本番になったとき、この鶏合の左の五の宮方がたて続けに負け、右の六の宮方ばかりが勝つので、院はやたらに腹立たしく不快なお気持になられてただただ不機嫌におなりあそばすものだから、見聞きなさる人々も心中おかしくお思いになりながら見物申しあげているのだった。終始ご機嫌悪くいらっしゃって、格別の感興もなくあらぬ成行きとなるのだった。まったく滑稽なことではあった。

中務とその女が産んだ二人の皇子を喜ばせようと、花山が企画した闘鶏の記事。陽成天皇以来、おかしな天皇が闘鶏を行なうという系譜でもあったのであろうか。ただ、ここでは、応援する左方が負けたことに機嫌を害する花山を茶化して描くことで、その滑稽さを強調する。

普通、相撲・競馬・歌合など、左右に分かれて勝敗を決する儀式においては、左方が勝つのが予定調和的な結末であった。左方が「天子方」であったことによる（『江家次第』）。この説話は、花山が「天子方」に相応しくない存在であるという、深い内容を含んだものなのかもしれないのである。

・『栄花物語』巻第八「はつはな」

院には、例の女と親（中務）と、その両方の腹にたくさんの御子たちがお生れだったが、それぞれ女宮が二人ずついらっしゃるのだった。「わたしが死ぬものなら、まずもってこの女宮たちを、中陰の間に皆あの世に連れていくぞ」ということばかり仰せになるので、御匣殿（中務）も、その女も、さまざまに涙を流される。……

真実、中陰の間に、この兵部命婦（ひょうぶのみょうぶ）が養育申す女宮をお除き申して、ほかの女宮たちは引き続いて皆お亡くなりになったのだから、尊貴なお方の御一念はまことに恐ろしいものだと思い申しあげたことであった。

死去に際しての花山の予言（呪言（じゅごん））と、その結末を語る。ここでは中務とその女にそれぞれ皇女が二人ずつ生まれたことになっているが、これは史実としては確認できない。花山は、自分が死んだら、これらを四十九日の内にあの世に連れて行くと言い残して死去する。

四人の皇女のうちの一人は兵部命婦に養育させていたことにしており（もちろん、史実としては確認できない）、その皇女を除いては、花山が死去すると、引き続いて死亡したというのである。

実際には実在しない三人の皇女を死なせることで、花山の異常性を際立てようとしたものと思われる。死してなお、『栄花物語』の作者の花山への眼差（まなざ）しは一貫している。なお、花山には皇女が一人いたことは確認できるが、この皇女の未来については、後に述べることとする。

次に、『大鏡』を見てみよう。

・『大鏡』天「六十五代　花山院　師貞」

こうして粟田殿（道兼）が大内裏の外門土御門から東の方へ天皇をお連れ出し申しあげられた時、安倍晴明の家の前をご通過なされましたが、晴明自身の声がして、手をはげしくぱちぱちと打ち、「天皇がご退位あそばされると思われる異変が天に現れたが、もはや事は定まってしまったと見えることだ。参内し奏上しよう。すぐに、車に支度をせよ」と言う声をお聞きになられた、その時の天皇のお心は、たとえご覚悟の上とはいえ、感慨無量、お胸をうたれなさったことでありましょう。晴明が、「さしあたってすぐに、式神一人、宮中へ参上せよ」と命じましたところ、人の目には見えぬ何物かが、戸を押し開けて、天皇の御後ろ姿を見申しあげたのでしょうか、「ただ今ここをお通りになって行かれるようです」と答えたとかいうことです。晴明の家は土御門町口でありますから、まさしくその時の天皇の御道筋であったのです。

花山が退位した際のエピソード。晴明の超人的能力を語るのが主題であろう。花山の退位説話に晴明が登場するのは、『大鏡』だけである。

もっとも、花山の退位は、近い将来に起こり得る事態として認識されていたであろうから、晴明の超人性だけに取りたてて驚くこともない（実際に起こったこととは思えないが）。なお、晴明の土御門家は土御門大路の北、西洞院大路の東に所在した。晴明神社のある場所ではなく、現在、ブライトンホテルのある場所である。

・『大鏡』地「太政大臣伊尹　謙徳公」

その花山天皇を、「内劣りの外めでた（私生活は駄目だが、政治面はすぐれる）」と、世間の人々が申しあげました。「冬の賀茂の臨時の祭が、夜までかかるのはよくないことだ。辰の時に、皆々参内せよ」と宣旨をお下しになりましたが、人々は、そうはおっしゃっても、巳か午のころになって儀式が始まるだろう、などと思っていらっしゃったところ、舞人に任ぜられた君達が、舞人の装束をいただきに参内なさってみると、天皇はすでにちゃんと御装束をお召しになって、お立ちになっていらっしゃいました。……

天皇は、馬をたいそうお好みでいらっしゃったので、舞人の馬を後涼殿の北の馬道からお通しになり、清涼殿の朝餉の壺庭に引き入れられ、殿上人たちを乗らせてご覧になるだけでも、あまりに情けないことだと人々が思っていますのに、しまいには、天皇ご自身が乗ろうとさえなさいますので、人々はお止め申す方法もないままに、おそばにひかえ申していらっしゃいますと、そういうめぐりあわせであったのでしょうか、入道中納言（義懐）がふとお出ましになりましたので、天皇はお顔が真っ赤になられ、いかにも困ったというふうにしていらっしゃいました。中納言も、まことに呆れたこととお見あげ申されましたが、人々が見ている前でご制止申しあげるのも、かえって見苦しいことなので、わざとその場を引き立て、おもしろがられるようなふりをしながら、ご自分から、束帯の下襲の裾を石帯に挟んで、馬にお乗りになりました。あれほど狭い壺庭で曲折自由に乗り回し、おもしろく馬を跳ねさせなさったので、天皇もお顔色がなおり、「悪いことではなかったのだなあ」とお思いになって、ひどくおもしろがられました。それを、中納言が、情けなくもおいたわしくもお思いになるご様子は、天皇と同じお気持で、このようなよくないことを、お気に召すようにお勧め申しあげたのだとは見えず、だれもが中納言のご本心はこうだよと、お察し申しあげる人があったからこそ、このように逸話として語り伝えているのですよ。しかし、また、「それにしても、ご自身がお乗りなさるにいたっては度が過ぎる」と批判する人もありましたよ。

この例ばかりではなく、この天皇の異常さは、明らかに表面に現れるというものではなく、ただもう生れついてのご性質が常軌を逸しているようにお見えになりますので、その点はなはだ容易ならぬことだったのです。ですから、源民部卿（俊賢）は、「冷泉院のお狂いよりも、花山院のお狂いのほうが始末に困ることだ」と申されましたので、入道殿（道長）は、「はなはだ不都合なことをも申されるものだな」とおっしゃりながらも、ひどく大笑いなさったのでした。

花山の異常性を説明した記述。最初に語られる、時剋どおりに準備していた話は、むしろ儀式の執行にかける熱意を語るが、次の内裏で馬を乗り回す話が、異常性の根拠として語られる。義懐の機転をも理解せず、自己の行動を「悪いことではなかったのだなあ」などと認識するあたり、まさに精神障害者として描かれている。

それに続けて、俊賢の、花山院の異常さは冷泉院の異常さよりも始末に困るという判定が語られる。誰からも異常と思われていた冷泉にも劣ると記し、道長がそれを認めることで、花山の異常性を確固たる事実として、読者に認識させることになる。

服部氏は、「天皇がこのようなことを行うことは、一種の異常行動と考え、天皇の狂態として驚いた」とされているが、当時、花山はまだ十七、八歳の青年である。詳しい儀式の次第など認知していようはずはなく、好奇心に任せた行為と考えるべきであろう（本当にあった話とは思えないが）。

なお、馬を好んで宮中で乗り回すというモチーフが、陽成と共通するものであることは、言うまでもなかろう。

・『大鏡』地「太政大臣伊尹 謙徳公」

そのご錯乱の中でも、父君冷泉院が、南院にお住まいでいらっしゃった時、火災にあわれた夜の、花山院がお見舞いに参上なさった折のご様子は、実に奇怪なものでございました。御親の冷泉院は、お車に乗り、二条と町尻との交差する辻に立っていらっしゃいました。この花山院はお馬に乗り、てっぺんに鏡をつけた笠を、阿弥陀におかぶりになって、「父上の院はどこにいらっしゃる、どこにいらっしゃる」と言って、ご自身で会う人ごとにお尋ねになります。そして「どこそこにいらっしゃいます」とお聞きになって、冷泉院のいらっしゃる所に参上され、その近くでお馬からお降りになられました。お馬の鞭を、腕貫に腕を差し入れてお下げになり、父の院のお車の前に、両の御袖を胸前に合せて、いかにも似つかわしくひざまずいておられましたが、そんなことがいまだかつてあったでしょうか。……

冷泉天皇の箇所でも登場した、有名な寛弘三年（一〇〇六）十月五日の冷泉院御所南院焼亡に関する説話である。花山は父冷泉院を捜し求めてようやく見付け、院の車の前に袖をかき合わせ、あたかも随身のようにひざまずいた。冷泉の方は神楽歌を歌い、親子共々「狂気」の人と笑われたと説話が続く。

この説話が冷泉「狂気」の根拠とはならないことは先に述べたが、ましてや花山の行動は、これが史実であったとしても（史実とは思えないが）、父院を心配する孝行息子を示しているに過ぎないものに見えるのだが。「てっぺんに鏡をつけた笠」は照魔鏡とも言われ、異様ないでたちではあるが、これも目立ちやすくして冷泉に見付けてもらいたいがため、もしくは冷泉の無事を祈るためのものと考えることもできよう。

・『大鏡』地「太政大臣伊尹　謙徳公」

さてまた、花山院が、ある年、賀茂祭の翌日の斎院ご帰還をご覧になられた時のご様子は、どなたもお見あげ申したことでしょうね。前日の祭当日に事件をしでかされた折のことですよ。そんなことがあった翌日は、いくらなんでもやはりお出ましになどなるべきではありませんのに、ひどく威勢のいい者たち、高帽頼勢をはじめ、大勢が院のお車の後ろに群がってお供申しておりましたその様子は、いのお数珠が本当におもしろいものでした。何よりもまず、親玉には、大蜜柑を用いたお数珠を付け、小さな蜜柑を普通の玉として紐にお通しになり、御指貫と一緒に、車の御簾の外へお出しになっていらっしゃいましたが、たいそう長くなさり、こんな見物がまたとございましたでしょうか。紫野で、人々が、院のお車を注目申しあげておりましたところへ、検非違使が参りまして、昨日乱暴をしでかした童子たちを逮捕するという事態になったではありませんか。現在の権大納言殿（藤原行成）が、まだそのころはお若くいらっしゃった時だったのですがね、急いで使いをやり、「これこれのことがございます。早くご帰還なさいませ」と申しあげられましたので、それほど大勢院にお供申していた者どもは、蜘蛛の子を風が吹き散らすように、ちりぢりに逃げて行ってしまいましたので、院は、ただ御車副の人々だけでお車を進ませ、物見車の立ち並んでいる後ろの方を通って、こそこそとお帰りになられたのは、なんと言っても、やはりお気の毒で、恐れ多く思われたご様子でいらっしゃいましたよ。さてそれから、花山院御所に検非違使が監視に付いたりして、たいそう手ひどく責めたてられなさいまして、太上天皇という御名をお汚しなさってしまいました。こういうわけで、民部卿殿（俊賢）のおっしゃったお言いぐさは、なるほどと思われます。

花山の乱暴さを語る説話。長徳三年（九九七）四月十六日の賀茂祭の日に、花山院の院司が公任・斉信の車に濫行をはたらくという事件が起こったのだが（『小右記』）、その翌日の祭の還さにおけるふるまいを語っている。高帽を被った屈強の者を従え、柑子で数珠を作って車の外に出し、物見に出かけたものの、検非違使が来ると這々の体で帰ったというものである。

問題は最後に、俊賢の言ったとおりであったという作者の評言が続く点である。これは例の、「冷泉院のお狂いよりも、花山院のお狂いのほうが始末に困ることだ」という言葉を指しているのであるが、この事件を素材として、それに根拠を与えているのである。

実際に十七日には道長の奏聞によって院司の追捕が行なわれ、検非違使は花山院を囲んだ。また、十八日には花山は下手人を差し出しているのであるが（『小右記』）、もちろん、この説話に語られるような装束や還さの見物があったわけではない。服部氏も、「天皇の陽気さ、物おじしない性格の一面であり、必ずしも狂態とは言い得ない」とされている。俊賢がこのように語っているとされるからといって、現代の読者までそれに引きずられる謂われはないのである。

・『大鏡』地「太政大臣伊尹　謙徳公」

花山院はお気がおかしいとは申しますものの、お詠みになられたお歌は、いずれも人々に愛誦されないものはなく、まことにすぐれたお歌と拝承いたしますよ。「ほかの月をも見てしがな」というお歌などは、こんな精神状態でお思いつきなされたこととも思われず、どういうわけであんなふうでいらっしゃれるのか、まことにお気の毒に思われます。……

この花山院は、なかなかの意匠家（「風流者」）でもいらっしゃいました。御所をお造りになられたそのみごとさなどといったら、大したものでございました。寝殿・対の屋・渡殿などは、ひと続きに造りあわせ、屋根の檜皮を続けて葺くとも、この院がはじめて考え出されたのです。昔はこれらが別々で、その間に樋が架けてあったものです。内裏は今でもそうなっているようです。

お車を入れる車庫には、床の板敷を奥の方は高く、端の方は低くして、入口に大きな両開き戸をお造りになりましたが、そのわけは、お車の飾り付けを、そっくり取り付けたままで納めておおきになり、もしも急なことの生じた際には、何はともあれ戸を開ければ、からからと、だれも手を触れない前に、ひとりでに出てくるようにするためのもので、おもしろくお考えになったことですよ。

また、お手回りのお道具類などの美麗さは、なんとも言えぬほどでございました。六の宮がご病気で気を失われた時に、御誦経のお布施としてお贈りになられた御硯箱を拝見したことがございました。海賦模様に、蓬莱山や手長・足長などを金蒔絵にしてお作らせになりましたが、これほどの箱の、漆の付き具合、蒔絵の様子、縁金の施され具合など、まあ実にすばらしいものでありましたよ。

また、木々をお植えになられた時には、「桜の花は優美であるのに、枝ぶりがごつごつしていて、幹のかっこうなども見苦しい。梢だけを見るのが風情がある」とおっしゃって、中門より外側に植えさせなさいましたが、これは、何よりもすばらしいことをお思い付きになられたと、人々は感心申しあげました。また、撫子の種を、土塀の上にお蒔かせになりましたところ、思いもよらず四方に色とりどりの唐錦をひきかけたように、咲き満ちていた、それを拝見いたしましたが、どんなにまあすばらしくございましたことか。

入道殿（道長）が競馬を催しになられた日に、花山院をお招き申しあげなさいましたが、ご来臨当日の院の御装束は、この上もなくすばらしく、もちろん、すべてにいい加減になさるはずもございませんけれど、それにつけても、とりわけ、お車のご様子は、世間にたぐいのない美しいものでございました。御沓にいたるまでも、ただもう人目をひくものばかりを、後には、持って歩くとお聞きいたしました。

さて、花山院は、御絵をよくお描きになりましたが、これがまたおもしろいものです。それは、走っている車の輪には、薄墨の色をお塗りになり、その大きさの程度や、車輪の輻などは、それとわかるように、墨をぼかして彩っていらっしゃいましたが、なるほど、このように描くべきだったのですね。飛ぶように速く走る車は、いつ、まあ、車輪の黒さの具合などが見えましょうか。また、筍の皮を、男が指ごとにはめ、あかんべえをして子供をおどすと、子供が顔を赤くしてひどく怖がっている絵、また、金持や貧乏人の家の中の生活の様子などをお描きになっておられましたが、どれもこれも、そうもあったろうと真に迫るものばかりで、ただ驚くばかりでございました。

ここでは一変して、風流者としての花山を語っている。和歌に巧みなこと（前に触れた、冷泉に筍を奉った際の歌が引かれる）、屋根を続け葺くことを工夫したこと（古活字本による）、車宿の工夫、調度の美麗さ、庭の木立の工夫、競馬の日の装束、絵の技巧と続く。

これだけ見ると、まさに天才という名に相応しいと思われるのだが、これがこの時代の天皇という地位の適性の範囲を超えているという点が、問題となっているのであろう。特に倹約を旨とした一条との対比は、随分と云々されたはずである。

・『大鏡』地「内大臣道隆」

そうそう、かつてこの帥殿（隆家）が時流に乗り華やかな生活をしておられたころ、花山院と勝負事を約束申されたことがありましたよ。まったくとんでもない奇妙なことでしたなあ。花山院が、「いくらそなたであっても、わが御所の門前を通り抜けられまい」と仰せられたところ、「この隆家が、どうして通れぬことがございましょうぞ」とご返事なさって、その勝負の日取は何日と決められました。

さて当日、……花山院におかれましては、もちろんのこと、なんとも言うに言われぬ勇ましくたけだけしい法師たちや、大童子・中童子など、合せて七、八十人ばかりに、大きな石や、五、六尺ばかりの杖をお持たせになり、御所の北と南の両方の御門や土塀に沿って守らせ、また小一条邸の前、東洞院通りの両側に、すきまもなく人数を立て並ばせて、御門の内にも、院中の侍や僧の、年も若々しく力の強い者だけを選りすぐって、しかるべく準備して控えていらっしゃいます。……けれど、院方も中納言（隆家）方も石や杖だけで、本物の弓矢までは用意おさせになりません。中納言殿は、お車をしばらくの間お立てになってから、勘解由小路よりは北の方、花山院の御門近くまでは、お車を威勢よく寄せられましたが、それから先はやはりお通りになれず、ついにお引き返しになりました。一方、院方にたくさん集まっていた者どもは、心を合せ、視線をこらして見守り続けていましたが、中納言がお車を後退させなさる時、一度にどっと笑いました、その声といったら実にたいへんなものでした。あんなおもしろい見物がまたとありましたろうか。さすがに天皇家たるご威光は大したものだったのです。とうとうお通りになれないでしまいましたよ。後に、「つまらぬことを言い出してしまったものだなあ。お陰で、ひどい恥辱の名をとってしまった」とおっしゃって、お笑いになりました。花山院が、お勝ちになられたことを、大したものだとお思いになっていらっしゃるご様子も、こんな遊び事なのに、まるで本格的な戦に勝利したかのようでした。

有名な隆家との戦ごっこの説話である。このような荒々しい説話の登場人物として、隆家は最適なのであるが、花山もまた、このような人物として認識されていたのであろう。ここでは、勝負に執着する態度が強調される。

このような遊戯にまで万全の準備を施し、勝敗に執着する花山を描くのは、これもまた「狂気」の一類型であるとの作者の主張なのであろう。

・『大鏡』人「太政大臣道長」

花山院のご在位の時、五月下旬の闇夜(やみよ)に、五月雨(さみだれ)といっても程度がひどく、たいそう気味悪くはげしく雨の降る夜のこと、天皇は手持ち無沙汰で寂しくお思いになられたのでしょうか、殿上(てんじょう)の間にお出ましになられ、殿上人たちと管絃(かんげん)の遊びなどしていらっしゃって、人々がお話し申しあげておられるうちに、いつしか昔のいろいろと恐ろしかったことなぞに話が移っていきました。その時、帝が、「今夜はひどく気味の悪い感じのする晩だな。こんなに人が大勢いてさえ、不気味な感じがする。まして、遠く離れた人気(ひとけ)のない所などはどんなものだろう。そんな所へ一人で行けるだろうか」とおっしゃいました。その時「とても参れますまい」と皆が申しあげなさったのに、入道殿は、「どこへなりとも参りましょう」と申されましたから、そうしたことをおもしろがられるご性格のおありの帝ですので、「まことにおもしろい。それならば行け。道隆(みちたか)は豊楽院(ぶらくいん)、道兼は仁寿殿(じじゅうでん)の塗籠(ぬりごめ)、道長は大極殿(だいごくでん)へ行け」と仰せられたので、関わりのない君達は、「道長殿はつまらぬことをも奏上したことよ」と思っています。また一方、勅命(ちょくめい)をうけたまわられた殿たちお二人は、お顔色が変って、「困ったことだ」と思っていらっしゃるのに、入道殿は、とんとそのようなご様子もなく、「私個人の従者は連れていきますまい。この近衛の陣の吉上なり、滝口の武士なり、だれか一人に、『昭慶門まで送れ』という勅命をお下し願います。その昭慶門から内へは、私一人で入りましょう」と申しあげられました。すると帝は、「それでは証拠がないことだ」とおっしゃいましたので、「そう仰せられるのもごもっとも」と、帝が御手箱に入れておおきになった小刀をお借りして、お出かけになりました。ほかのお二方も、苦々しいお顔で、それぞれお出かけになりました。……が、中関白殿（道隆）は、右衛門の陣までは我慢していらっしゃったものの、宴の松原の辺りで、なんとも得体の知れぬ声々が聞えたので、どうしようもなくて、戻ってこられました。粟田殿（道兼）は、紫宸殿の北の露台の外まで、震え震えおいでになりましたところ、仁寿殿の東側の敷石の辺りに、軒に届くほどの丈の高い人がいるようにご覧になりましたので、無我夢中で、「命があってこそご奉公も勤まるというものだ」と言って、それぞれ引き返してこられました。ですから帝は、御扇をたたいて、お笑いになりましたが、入道殿はたいそう長くお見えにならないので、「どうしたのか」とお思いになっていらっしゃる、ちょうどその時に、まことに平然と、なんでもないというようなご様子で帰っておいでになりました。

帝が、「どうであった、どうであった」とお尋ねになりますと、まことに落ち着いて、御小刀に、削られた物をそろえて差し上げなさいます。「これはなんだ」と仰せられますと、「何も持たずに帰ってまいりましては、証拠がございませんから、高御座の南側の、大極殿の柱の下の所を削り取ってまいったのでございます」と、平気な顔をして申しあげられたので、帝もあまりのことに、あきれていらっしゃいました。……帝は、それでもやはり、疑わしいとお思いになりまして、その翌朝、「蔵人(くろうど)に、削り屑(くず)を当てがわせてみよ」と、仰せになりましたので、持っていって押し当ててごらんになりますと、寸分違わなかったのでした。その削り跡は、今でも、はっきりと残っているようです。

これまた有名な闇夜の肝試しの説話である。主題としては、道長の剛胆さを、特に兄たちと比較して賞揚することにあったのであるが、この行事の主宰者として花山が登場する点が重要である。このようなくだらないことを臣下にやらせるのは花山しかいないという、作者の認識なのであろう。

それにしても、証拠に執着する花山の性格は、ここでも偏執的なものとして描かれている。大極殿の柱を削るなど、実際にはあり得る話ではないが、そこまでして証拠を求める奇矯な花山と、それをやってしまう剛胆な道長という図式となっている。

説話集に見える花山天皇説話

最後に、説話集（せつわしゅう）に見える花山説話を見てみよう。

・『江談抄』第一「公の事」――二「惟成の弁、意に任せて叙位を行ふ事」

花山院が即位式の日に、大極殿の高御座の上で、まだ剋限（こくげん）であることを知らされる前に、馬内侍を犯しておられる際、惟成の弁は玉佩（ぎょくはい）と冠の鈴の音に驚き、「鈴奏（すずのそう）」と称して、叙位（じょい）の中文（もうしぶみ）を持参した。天皇が手で惟成を帰させたところ、惟成は意に任せて叙位を行なった。

先に挙げた『小右記』永観二年十月十日条に見える、花山が即位式で、玉冠が重いので気上せするというので、これを脱ごうとしたという記事を、おそらくは故意に曲解して、このように荒唐無稽な説話が作られたのであろう。

今井氏はこれを「事実無根」と断じられ、玉冠に関わる「当日の帝の行動の奇怪さに根ざした後人の誇張」と推定された。

あるいはまた、『小右記』に「執仗（しつじょう）」と見えるのを「執伏」と誤読してしまったためでもあろうか。いずれにしても、花山の女性関係（これとても、それほど異質なものではないが）と、側近の惟成が権力を振るったということが混ぜ合わされて、このような話になったのであろうが、後々にまで受け継がれるところを見ると、よほど人々の興味を惹いたものであろう。

・『江談抄』第一「公の事」―二〇「華山院御即位の後、大宰府兵仗を帯びざる事」

花山院が即位して十日は、大宰府で兵器を帯びた者は一人もいなかった。これは天皇の徳による感化がすぐに遠くまで及んだ結果である。

こちらはうって変わって、花山の皇化がすぐに辺境にまで及んだことを語る。このような見方も存在したのである。

・『江談抄』第二「雑事」―五「華山院、禁中を出でて華山に向かはるる事」

粟田関白（道兼）が花山院に扈従して、内裏を出て花山に向かわれた時、大入道殿（兼家）は平維敏を、粟田殿の出家を止める使とした。時の人は維敏の様子を見て、誰も敵対できそうもないと思った。

『大鏡』から続く、花山出家の説話。清和源氏ではなく、平氏に道兼の警護を命じている点が異なる。「敵対」したい（道兼も出家させたい）人もいたということであろうか。

・『江談抄』第三「雑事」―四「花山院、御轅に犬を乗せて町を馳せらるる事」

この説話は表題のみで、本文を欠く。花山の奇矯なふるまいを語ったものだったのであろう。たしかに、「天皇の闊達さ、陽気さを物語るものであるが、当時の宮廷・貴族の慣習よりみれば、異常な行動としか見えなかった」であろうが、牛車の轅に犬を乗せても、犬が好きなのだなあと思うだけで、何が悪いのだろうという気もする。

・『今昔物語集』巻第二十八―一三「銀の鍛冶延正花山院の勘当を蒙ぶる語」

ある時、花山院が銀の鍛冶師の延正を召喚して検非違使庁にお下げ渡しになった。だが、それでもなお腹にすえかねられ、「きびしく痛めつけよ」と仰せられたので、庁にあった大きな壺に水をいっぱい入れ、その中に延正を入れて、首を出すだけにしておかれた。十一月のこととて、歯の根も合わずがたがた震え上がった。夜もしだいに更けてゆくころ、延正はなにやら声を限りにわめき叫ぶ。庁は花山院のおいでになる御所のすぐ近くなので、こやつの叫ぶ声がはっきり聞える。延正は叫び叫びこう言っている、「おおい、世間の人たちよ。いいか、ゆめゆめ大ばか法皇の近くにまいるな。なんとも恐ろしく耐えがたいことになるぞ。ただ下衆のままでおるべきだぞ。このことをよく心得ておれ。おおい」。こう叫んでいるのを院はお聞きになり、「こやつめ、たいそうなことをぬかしおったな。なかなか口達者な男ではないか」とおっしゃって、さっそく召し出して褒美を賜い、許された。

勘気を蒙った銀鍛冶を寒夜に壺に入れておくという残忍さと、その男の叫びを面白がって褒美を取らせるという親しみやすさを共に語っている。同じ『今昔物語集』の巻第三十一―六「加茂祭の日、一条大路に札を立てて見物する翁の語」に見られた、陽成天皇の説話と一脈通じる主題である。

それにしても、「大ばか法皇」（原文は「大汶法皇」）というのは、『日本古典文学全集 今昔物語集』の頭注では、「気違いじみた法皇」と解し、「当時そんなあだ名が流布していたか」としているが、「当時」とは、いったいどの時代のことなのであろうか。

・『今昔物語集』巻第二十八―三七「東の人花山院の御門を通る語」

東国の者がそれと知らずに花山院の御門前を馬に乗ったまま通り過ぎようとした。これを見て、院の中から人々が飛び出してきて走り寄り、馬の口を取り鐙（あぶみ）を押え、御門の中にしゃにむに引き入れた。そして、馬に乗せたまま中門のわきに連れていき、なんだかだとがやがやののしっていたが、それを院がお聞きになり、「何を騒いでいるのか」とお尋ねになった。そこで、「御門前を馬に乗ったまま通り過ぎる者がありましたので、乗せたまま引き入れたのでございます」とお答えすると、これをお聞きになった院はお怒りになり、「わが門前を乗り打ちするとは何事であるか。そやつ、馬に乗せたまま南面（みなみおもて）に引き連れてこい」と仰せられたので、二人がかりで馬の左右の轡（くつわ）を取り、別の二人が左右の鐙を押えて南面に連れてきた。……

そのうち、男は庭を回りながら中門に馬を押し向け、にわかに馬腹をけって馬を外に出すや、飛ぶように走り出した。それを見て中門に集っていた者どもはとっさに身をかわすこともできず、先を争って逃げ出し、あるいは馬にけられまいとして走る者もあり、あるいは馬にけられて倒れる者もある。その間に、男は御門を走り抜け、東洞院大路を南に向け飛ぶようにして逃げ去った。院の下部どもがあとを追ったが、一散に疾駆して行く逸物にどうして追いつけよう。ついにどことも知れず消えうせてしまった。院は、「あやつめ、なんとたいした、したたか者よ」と仰せられただけで、格別お腹立ちにもならなかったので、その男を捜査することもなく終った。

花山院の門前を通るというのは、『大鏡』以来のテーマであるが、いったんは馬で通り過ぎようとした男を御前で尋問し、罰しようとした花山であったが、その馬の逸りぶりと、男の見事な乗りぶりを眼前にして、許したということになっている。

これも先に挙げた『今昔物語集』の説話や、陽成説話と通じるテーマである。特別な能力や機知を示したものを放免するというのは、「狂気」の天皇にとっての常套的な性格とされたのであろうか。

・『古事談』巻第一「王道 后宮」一七

「花山院の御即位式の日、馬内侍が褰帳の命婦となって進み参ったところ、天皇は高御座の内に引き入れられて、突然に配偶(はいぐう)に及んだ」と云うことだ。

『江談抄』と同じ内容の説話であるが、こちらは惟成が登場せず、「配偶」に主題を絞っている。『新日本古典文学大系』の脚注は、「何らかの伝承が比較的有名な馬内侍に仮託された(あるいは成長した)可能性はある」としているが、こんなことが実際に起こり得ると思っているのであろうか。

服部氏は、「天皇狂気を前提とし、『小右記』に『頗遅引歟』とあるのを悪推量して、このような噂話がまことしやかに伝えられ、それが『古事談』の記事になったものであろう」と考えられている。

・『古事談』巻第一「王道 后宮」一八

「花山院は殿上人の冠をお取りになられた。その中で、惟成の弁も取られた。関白(頼忠)が参内されたところ、惟成は冠を着していないということであった。

関白が問われたところ、『帝が召されたので』と申した。そこで都合が悪いということを奏上したところ、その後は惟成の冠をお取りになることはなかった」と云うことだ。

当時、人前で頭頂を露出することは、大きな恥辱とされた。花山としてみれば、側近の惟成と悪ふざけを行なったという設定だったのであろうが（頼忠の冠は取ろうとはしていない）、やはり宮廷社会にあっては、これは「狂気」説話に含まれるのであろう。

しかし、服部氏が、「突飛な行動に出られたのは狂気の沙汰とし、このため天皇を狂人とする理由の一とすることは、いささか早計のそしりを免れない」と言われるように、現代人までもが、こういった説話を根拠に花山を異常者扱いするのは、まったく事の本質を誤った理解であろう。

これも『小右記』永観二年十月十日条に見える、花山が即位式で玉冠を脱ごうとしたという事実を、めちゃくちゃに拡大解釈して、この説話が作られたのであろう。

・『古事談』巻第一「王道　后宮」―一九

内裏脱出を語ったもの。訪れた実資に対し、尊号（そんごう）や封戸（ふこ）の辞退を述べる。

・『古事談』巻第二「王道 后宮」—二〇
出家の理由を忯子の薨去とし、道兼の策略を述べる。

・『古事談』巻第一「王道 后宮」—二一
出家に際しての兼家の対応を述べる。

・『古事談』巻第一「王道 后宮」—二三
賀茂祭における闘乱について、検非違使に捜索されるまでを記す。『小右記』と関連する。

・『古事談』巻第二「臣節」—五一
伊周の配流を語る。闘乱の理由については、『栄花物語』と関連している。

・『古事談』巻第六「亭宅 諸道」—六四
「花山院が在位の時、頭風を病まれた。雨気が有る時は、特に発動してどうしようもなかった。種々の医療もまったく効果がなかった」と云うことだ。ここに（安倍）晴明朝臣が申して云ったことには、「院は前世は尊い行者でいらっしゃった。大峰のある霊場で入滅された。行者であった徳によって、天子の身に生まれたとはいっても、前世の髑髏が巌の狭間に落ちて挟まっておりますが、雨気には巌が膨張して髑髏を圧迫しますので、現世でこのように痛まれるのです。そこで療治では治るはずはありません。髑髏を取り出して広い所に置かれたならば、おそらく平癒されるでしょうか」と言って、「そこそこの谷底に」と教えたので、人を遣わして見させたところ、申したことに相違はなかった。「髑髏を取り出された後は、頭風は平癒された」と云うことだ。

花山の「病悩」の原因を、前世の髑髏の処置に関連付けたもの。「頭風」というのも、単なる頭痛にはとどまるまい。谷底の髑髏を取り出させたら平癒したというのも、精神医療の世界を彷彿とさせる。

花山天皇説話について

これらの説話の内容が、いずれもきわめて政治性の強いもので、花山をことさらに「狂気」の人物と貶め、そのような人物が皇位にあること、そしてその子孫が皇統を嗣ぐことの不当性を強調するために、悪意を以て創作されたものであることは、もはや確実であろう。

今井氏は、冷泉の精神病（「支離滅裂の人格喪失」）の遺伝による花山の躁鬱病を認められたうえで、「以上のような推定は、大鏡その他の記録の文字を、そのままほぼ実事と見做した上での立論である」とし、「それらの記録がすべて、花山院時代より約一世紀以上を隔った平安末以降の成立にかかるものであることは、厳重な検討を必要とさせる」ものであり、「後世の記録や説話類が、すべて摂関家の圧力やその余韻の中で、御堂関白（道長）讃美の姿勢の下に成立したものであることは、院に関するそれらの書の記述内容の客観的正当性を疑わせるに足るものがある」とされた。

そして、「人々は無力な院の奇行を好んで話柄とした」ものであり、「当時にあって狂人視されたことが、そのまま正しく院の狂気を証明するものとも云えない」と考えられ、「院は不当にも二重に狂気の人として記録に残る可能性があった」と結論付けられた。「この時代そのものが、いわば病気にかかってもいた」のである。

これらの「狂気」説話の一方で、次のような説話も残されている。

・『沙石集』巻第十本ノ四

日本では、花山院だけが実の遁世をなさった方である。……

本当に賢い心を持つ人は、有為虚妄、転変の世間を捨てて、無為の実相、常住の仏道に入るべきではないだろうか。本当に遁世した人の賢い跡を慕うべきである。

『沙石集』は、鎌倉時代中期に仮名まじり文で書かれた仏教説話集で、無住道暁の編纂による。弘安六年（一二八三）の成立である。

平安時代の皇統がもはや問題にならなくなった時代には、このような評価も現われてきているのである。

和歌に見える花山天皇説話

それに関連するが、和歌の世界における花山の天才ぶりは、揺るがぬものがあった。三番目の勅撰和歌集で、「三代集」の最後にあたる『拾遺和歌集』の序文には、花山が撰したと記されている（実際には藤原公任が撰した『拾遺抄』が増補されてできたものとされている）。『十訓抄』や『増鏡』は、これを継承して、『拾遺和歌集』の撰者を花山に擬している。

花山の和歌は、『後拾遺和歌集』『詞花和歌集』『千載和歌集』『新古今和歌集』『続古今和歌集』『続拾遺和歌集』『玉葉和歌集』『続千載和歌集』『続後拾遺和歌集』『風

雅和歌集』『新千載和歌集』『新拾遺和歌集』『新後拾遺和歌集』『新続古今和歌集』といった勅撰和歌集の他(勅撰入集は重複歌を除き六十八首)、『古今著聞集』『夫木和歌抄』『河海抄』『実方中将集』『藤原長能集』『前大納言公任卿集』などに多数、採られている。

これほどの芸術を残した人物を「狂気」と断じたり、ましてその芸術を「狂気」ゆえと誤解したりすることが不当であることは、明らかであろう。

3　花山天皇の修行譚

これまで、花山天皇に対する「狂気」説話の内容が、いずれもきわめて政治性の強いもので、花山天皇の人格を貶め、そのような人物が皇位にあること、そしてその子孫が皇統を嗣ぐことの不当性を強調するために、悪意を以て創作されたものであることを論じた。

いわば、本来ならば摂関の座を手に入れられるはずのなかった摂関家の関係者が、本来ならば皇統を嗣げるはずのなかった天皇家嫡流の正統性を主張するために、本来ならば皇統を嗣ぐはずの天皇たちの説話を作り出していったのである。

しかしながら、花山天皇が退位後、仏道修行に精進したという説話は、あたかも確固たる史実のごとく語られる傾向がある。これとても、「狂気」の裏返しとされたり、時によっては修行を抛擲して好色に走ったとされるのであるから、花山天皇という人は、現代でも人々の思惑に弄ばれる性質なのだと実感させられる。

問題なのは、各地に残る花山院の修行譚の史実性である。しかし、史料を厳密に見てみると、これもすべてが史実であると断言できるものではないようである。以下に花山院修行譚に関わる史料を分析してみることとしたい。

比叡山延暦寺と観音院・醍醐寺

寛和二年（九八六）六月二十三日に密かに元慶寺（花山寺）に赴いて落飾した花山天皇は、翌月、播磨の書寫山に御幸を行なった。これについては後に考えるので、まずは京都近辺の比叡山延暦寺と醍醐寺について考えてみよう。

『日本紀略』によれば十月、『百練抄』によれば九月十六日、花山院は延暦寺戒壇院において受戒した。『日本紀略』には、「法皇は天台山戒壇院に於いて、廻心戒を受けた」と、『百練抄』には、「花山法皇は天台の戒を受けられた。義懐と惟成の両法師も、同じくこれを受けた」と、それぞれ見える。日時については異説があるものの、『日本紀略』や『百練抄』に見えることからして、この年の内に受戒したことは確かであろう。

一方、『栄花物語』巻第二「花山たづぬる中納言」では、

花山院は、ご受戒はこの冬にとのご意向であった。驚き入るばかりのあれこれのことは次々の巻に書かれるであろう。

と、同じく『栄花物語』巻第三「さまざまのよろこび」には、

あの花山院は、去年の冬、比叡山で戒をお受けになって、その後熊野(くまの)に参詣なさったまま、まだご帰還あそばされぬとのことである。どうしてこのような苦しい御山めぐりをずっとなさるようになられたのかと、あまりにも慮外のいたわしくおそれ多い御宿運(しゅくうん)と拝された。

と見え、熊野詣に結びつけて語っている。

また、『古今著聞集』巻第五・一四五「花山院紅梅の御歌の事」では、

花山院が御髪をおろしなされて後、比叡山から下られなされたところ、東坂本(ひがしさかもと)の辺りに、紅梅がたいそう趣深く咲いていたのを、お立ち留まられて、しばしご覧

になられたそうな。惟成の弁入道が御伴に供奉していたが、「王位を捨てて御出家されたのですから、このような戯れたお振舞は、あってはならない御事でございます」と申しましたところ、お詠みになられたことには、

色香をば　思もいれず　梅の花　つねならぬ世に　よそへてぞみる

（梅の花の見事な色香に心をひかれるのではない。あわただしく咲いては散っていくその姿に、人の世の無常をひきくらべて私は見ているのだ）

と、和歌と関連した説話を載せている。

さらには、『大鏡』地「太政大臣伊尹 謙徳公」には、次のような説話も載せられている。

こうして修行しておられるうちに、験のお力もたいそうおつきになり、比叡山の根本中堂にお籠りになられた夜、山の法師たちが法験の競争をしていましたが、院も自身の法力を試してみようとお思いになり、お心のうちに、じっと祈念していらっしゃったところ、僧側の護法童子の憑いている一人の法師が、院のいらっしゃる御屏風の面にぴったりと引きつけられて、全然動きもいたしません。引きつけがあまり長くなったので、これまでもうよかろうと、縛をお解きになって

延暦寺根本中堂

お許しになった途端、吸いつけられていた法師が、その法師に護法童子を憑けた僧たちの所へ、跳り上がって離れ行きましたので、「なんとまあ、院のお憑けになった護法童子が、引きつけていたのであった」と、お側の人々は、ご法力を感心してお見申しあげました。しかし、それも当然のことでございます。法力も験者の身分によって違うものですから、すばらしい修行者だといえ、どうして院のご法力と肩を並べ申すことができましょう。天皇になるという前世のご戒力をお持ちの上に、またその王位をお捨てになった出家の御功徳は、極まりない御事でございましょう。将来かけて、それほどのご法

> 力にまでおなりあそばした固いご道心に、修行を怠りなさってよいはずがありましょうか。それなのに、その後ひどく常軌を逸してしまわれたご錯乱も、ただあの御物の怪がおさせ申したのだと見えたことでございます。

法師たちと法験の競争をして、護法童子を憑けて法師を屏風の面に引きつけたなどというのは、とても本当にあった話とは思えない。それについての評言も、「天皇になるという前世のご戒力をお持ちの上に、またその王位をお捨てになった出家の御功徳は、極まりない御事でございましょう」というのであるから、仏教者としての立場に立ってのものとはいえ、何だか違和感を禁じ得ない。結局、続けて、「その後ひどく常軌を逸してしまわれたご錯乱も、ただあの御物の怪がおさせ申したのだと見えたことでございます」と、花山院の錯乱を引き出すための説話ということになるのであろうか。

また、長保四年（一〇〇二）には、花山院は岩倉の大雲寺の寺域内にあった観音院に御幸し、御修法を行なっている。『権記』長保四年四月二十九日条に、

> 花山院の許に参った。御幸に供奉して、観音堂に御供した。春宮大夫（藤原道綱）と右大将（藤原実資）も、同じく供奉された。今日から御修法が行なわれる。

と見える。五月六日条には、

花山院が観音院から還御された。そこで参って供奉した。比叡の辻で会い、供奉した。右金吾（藤原斉信）が同じく供奉された。

と見え、七日間の参籠を行なったことがわかる。観音院は冷泉天皇皇后昌子内親王陵の辺りに所在したことから、花山院にとっても縁の深い場所だったのであろう。なお、『前大納言公任卿集』には、この時に「山寺に遊ぶ」という題で花山院が詠んだ歌が載せられている。

さらには、『慶延記』二・『醍醐雑事記』二は、「花山法皇醍醐御登山記幷和歌詩連句等」という文章を引いている。

太上法皇は忝けなくも御幸を行なわれた。猥りに恩問を垂れ、多く勅命を承り、時剋が推移した。還御の際、山中で夜になった。ここにおいて、座主大法師は偏えに御願が寄せることを思い、忝けなくも仙駕の厳しきを駐め、新たに殿上に交わって頻りに数杯を勧めた。侍臣の酔顔は、自ら御覧になった。時に御製の和歌を詠まれた頃、ましてや秋葉を尋ねて諷味を得た。忽ち感懐を催した。そこで蕪詞を憚らず、ひそかに一絶の詩を綴った。

これも真偽のほどは不明ではあるが、醍醐寺（上醍醐）に登るくらいなら、実際にあったことと考えてもよさそうではある。

以上、花山院が延暦寺や観音院・醍醐寺に参詣したこと、特に延暦寺で受戒したことが史実であったであろうことを推測した。

書寫山圓教寺

次に播磨の書寫山圓教寺について考えてみる。圓教寺は姫路の北西方の山上にある名刹で、性空によって開基された。雄大な舞台造の本堂（摩尼殿）や、宏壮な規模の三堂（大講堂・食堂・常行堂）がある。花山院が性空に篤く帰依していたことは確実なのであるが、圓教寺に両度御幸を行なったというのは（平林盛得「花山法皇と性空上人―平安期における一持経者の周辺―」）、いかがなものであろうか。

花山院の一度目の御幸は、寛和二年七月二十二日のことで、『日本紀略』に、「法皇は微行し、播磨国書寫山に赴いて、性空聖人に謁見した」と見えるから、確実な史実なのであろう。なお、この日は奇しくも、花山の退位のあとに践祚した一条天皇の即

圓教寺大講堂（兵庫県姫路市書写）

位式が行なわれた日であった。それに合わせて出立したのは、花山の何らかの思いによるものであろうか。

後に述べる『朝野群載』所載「書寫山上人伝」（花山の撰でないことは確実である）には、「花山太上法皇は、去る寛和二年、微行して上人に謁見して結縁した」と、『書寫山圓教寺旧記』（圓教寺蔵）「花山太上法皇御幸当州書寫山事」には、

> 右寛和二年丙戌、七月二十七日、癸巳。子時の頃、歩行して、密かに茂利寺に御幸した。
> 二十八日、甲午。未時の頃、書寫山に登った。性空上人の許にいらっしやった。すぐに上人は結縁し、勅語

が下された。上人は合掌し、勅を承った。夜分の頃、上人の御口から法華経一巻を読まれた。上人は合掌し、諳誦し奉った。文殊偈に至って、留められた。すぐに経文の義理をほぼ上奏した。法皇は合掌し、お聞きになった。
二十九日、乙未。歩行し還駕された。御幸の次いでに、昌楽寺にいらっしゃった。すぐに御額を間木に丁し、七段礼拝した。時刻を経ず、出御された。酉時、浜前津の西の江の英賀河尻に着かれた。国司に御定によって御船を準備させた。御船に室礼は、疎簡善悪が无い事が有るとはいっても、既に乗られて解纜した。湊を出られたことは、鳥の飛ぶようであった。抑も帝皇が外土に御幸されることは、誠に希代の事である。ところが御幸の初めに、この道場を拝されることは、これは前生の因縁で、少縁が有るものではない。また、扈従した者は、給約したことはもっとも重い。十人に余り、二十人に足らない者であった。本来ならば別紙に草し、貽した後にこれに代わる。但し当国の国司藤原朝臣茂利は、面の瘡によって、御前に伺候しなかった。事の恐れの為、白米百石を進上した。そこで上人に奉献された。上人は請け取られた後、法皇の御為に初めて仏堂を造営され、すぐに御願寺となり、圓教寺と名付けた。

と、同じ『書寫山圓教寺旧記』に、講堂の由来として、右、悉地の伝に云ったことには、「寛和二年七月二十二日、花山法皇は微かに位を降り、忝けなくも憐愍を哀れむ相が群に超え、精進不退の行は無倫であった。すぐに仙厨を分け、賜うに鬮を以てした」と。

と、それぞれ見える。

この史料の史実性については、何とも判断しかねるのではあるが、これによると、花山院は二十人に満たない供奉者を連れて徒歩で書寫山に登り、性空と結縁を行なったことになる。帰途は途中から国司の準備した船に乗ったとある。国司の進上した米を花山院が寺に寄進したので、寺ではそれで仏堂を造営し、御願寺としたと続く。

これらによれば、特に朝廷の外記日記を原史料にしている『日本紀略』に明記されていることから、花山院が寛和二年に微行（それでも二十人近い供を引き連れてではあるが）で書寫山を訪れたのは、ほぼ史実と見做してもよさそうである。

なお、圓教寺が正式に花山院御願寺となり、講堂供養が行なわれたのは、『書寫山圓教寺旧記』によれば、翌永延元年（九八七）五月二十六日のことである。

しかし、二度目の長保四年三月六日の御幸となると、その史実性はいささか心許ない。『大日本史料』は長保四年三月六日のこととして、「花山法皇、播磨圓教寺ニ御幸アラセラレ、親ラ僧性空ノ行状ヲ録シ給フ、尋デ、巨勢廣貴ヲシテ其像ヲ写サシメ給フ」という綱文を立て、種々の史料を掲げているが、挙げられているのは『朝野群載』や『書寫山圓教寺旧記』『本朝法華験記』『古今著聞集』などである。はたして本当に花山院はこの年にも書寫山に御幸を行なったのであろうか。

この年の御幸は、『朝野群載』に載せる「書寫山上人伝」に、

> 寛和二年、微行して上人に謁見し、結縁した。……爾来十七年、長保四年三月六日、重ねて結縁した。密かに仙駕に命じ、上人の行状を問うて記録した。時に地震があった。考えるにこれは異相であろうか。

と見える記事が最も信の置ける史料であるが、これとても多分に説話的である。それにこの記事は、花山院が長保四年に性空と再び結縁したと述べているだけで、書寫山に御幸を行なったと明記しているわけではない。今井源衛氏はこれを、「附会の説」とされている。

他に長保四年の御幸を伝えるのは、仏教説話集である『本朝法華験記』に、

> 華山法皇は二度、臨幸した。後の回では延源阿闍梨と共であった。聖人の影像を

図絵し、形貌を注記した。上人の初後の作法を、筆を下して画いたところ、山が動いて地震があった。法皇は大いに驚いて集会し、怖畏した。上人がすぐに言ったことには、「これは怖れるべきではない。貧僧（性空）の形体や作法を画いたので、地が動くことが有った。今から後に、また震動の相が有る」と。ここに影像を画き終わった。時に山地は大いに震動した。法皇は地に下りて上人を礼拝した。

と見えるものがある。両度臨幸の二回目の際、性空の影像を図画させたところ、地震が起こったので、花山院をはじめ皆は驚き畏れたが、性空の言葉によって事なきを得、花山院は地に降りて礼拝したというものである。多分に説話的で、その史実性は判断しかねる性質の史料である。

また、先ほども登場した『書寫山圓教寺旧記』に載せる「花山太上法皇御幸当州書寫山事」は、花山院の御幸の様子を古記録風に長文で記したものである。

三月五日に花山院は船で飾磨津に上陸し、国司に馬を召したところ、乗馬の徴発に現地が不熱心であるということで、花山院は怒っている。扈従したものは僧俗合わせて八十四人というので、これだけの人数分の馬をいきなり準備できるはずはない。また、性空は何日か、通宝山弥勒寺に移住していたというので、花山院はそちらに向かった。折しも大雨が降ってきて、蓑笠を準備していなかった一行は辛苦を極め、夜中に弥勒寺に到着した。

かなり不自然な話で、花山院が来るというのなら、あらかじめ現地の国府に連絡しておいてもよさそうなものであるし、性空の方でも圓教寺で待っているか、少なくとも行き先を伝えておいてもよさそうなものである。花山院一行の準備の杜撰さも、実際にあったこととは思えない。

六日は何も起こらず、誰それが朝や夕の御膳を調備したという記事ばかりである。七日、花山院は還御の途に就いたが、その途中で圓教寺に立ち寄った。五日に性空に会ったから、圓教寺自体にはそれほど重きを置いていなかったためとも考えられるが、やはり不自然である。ここで花山院は圓教寺に諷誦米を施入し、布施を施して、山を降りた。その際、書寫山に参詣する者は乗馬で登ってはならず、必ず徒歩で登るようにとの宣旨を下したとあるが、いかにも後世の付会である。

その後、昌楽寺に立ち寄り、松を手植えし、書寫山の松を抜いて持って行っている。八日の夕刻に船で摂津の川尻に着き、九日に淀に着き、十日に還御したと続く。

この間、圓教寺自体の記述はきわめて少なく、また性空との交流も詳しくは描かれていない。むしろ弥勒寺や昌楽寺の縁起類が寄せ集められて、この日記風の「旧記」が作られたものであろう。むろん、花山院が実際にこれらを訪れた根拠にするのは、かなり躊躇するという性格の史料である。

この御幸は、『播磨書寫山縁起』や『峯相記』にも記されているが、いずれも『書寫山圓教寺旧記』と同系統の記載である。

さて、この御幸の際に花山院が性空の画像を描かせたということは、先に挙げた『本朝法華験記』にも見えたが、『書寫山圓教寺旧記』の「奉拝播州書寫山本願上人之新影詩」や、『古今著聞集』にも見える。

『書寫山圓教寺旧記』では、花山院が自ら性空像を写し、それを延円に画かせ、中書王として文名の高い具平親王に性空の行状を記させ、それを能筆として有名な行成に書かせたといっている。段々と有名人が登場するあたり、いかにも怪しいのであるが、実は具平親王が記した行状は『本朝麗藻』下・仏事部に載せられ、行成が画賛を清書したことは、後に述べる行成自身の『権記』に記録されているので、史実なのである。

それよりも気になるのは、具平親王の行状記に付された、「上皇が勅して扈従の者に記させた。還御の後、親王が取り捨てたのである」という割注である。具平親王が性空の行状を記すに際して参照した記録は、花山院が扈従した従者に記させたものであるが、還御した後に具平親王が取り捨てたというのは、いかにもその記録自体が架空のものであったことの、取って付けたような言い訳である。そのような記録は元々存在せず、花山院もこの年には書寫山には行ってはおらず、ただ単に都にあって性空の絵像を描かせ、具平親王に行状記を記させて、行成に画賛を清書させただけであったと考えれば、すべてがうまく説明が付くのである。

なお、『古今著聞集』では、花山院が密かに絵師を連れて行って性空に会い、対面の間に性空の面貌を見せて、隠れて写させていたところ、地震が起こったので驚いた。性空が、顔を写したので地震が起こったのだと説明すると、花山院はいよいよ信心を起こしたとある。性空の顔には痣があったのに絵師はそれを見落として描かなかったのだが、地震の際に筆を落として墨が付き、正確に痣も描かれたと続く。

『権記』の長保四年の記事であるが、諸説話が二度目の御幸があったと主張する三月から半年近くも経った八月十八日条に、

> 花山院から召しが有って、参入した。勅が有って云ったことには、「書写（性空）の聖影像を、（巨勢）広貴に画かせた。近頃、中書大王（具平親王）に頼んで、いささか画賛を記してもらった。これを清書するように」ということだ。仰せを承って退出した。

と見える。花山院が行成に命じて、巨勢広貴に描かせ、具平親王に画賛を記させた性空像の画賛を清書させたのである。公務に忙しい行成は、なかなか清書に取りかかれ

なかったが、九月六日に清書して奉献したようである。ところが、翌七日になって、

> 書写の聖影像を、昨日、（橘）則光朝臣を介して花山院に奉らせた。今朝、（藤原）基頼朝臣が来て、遅いということを伝えてきた。ところが、昨日、進上したということを奏上させた。

とあるように、花山院から督促が来た。行成が遣わした橘則光（清少納言の元の夫）が手元に置いておいたのであろう。驚いた行成は、昨日、奉ったことを奏上している。

この年に花山院が性空像を画かせたという事実が拡大解釈され、「書寫山上人伝」を花山院が自ら記したという伝と相まって、長保四年にも花山院が圓教寺を訪れ、性空像を画かせたという誤解が広まった（あるいは何者かが広めた）のであろう。行成と花山院の間の連絡にあたった則光が、『書寫山圓教寺旧記』では花山院御幸に扈従したことになっているのも、何やら怪しい。「花山院御幸説話」を作り上げた主体を考える際にヒントとなるのは、長保四年の花山院御幸に圓教寺自体がほとんど登場せず、かえって弥勒寺や昌楽寺が主役となっているという事実であろう。

長保四年の『権記』の三月条や、『小右記』（この年は本文は残されていないが、『小記目録』にも花山院御幸に関する記載はない）、それに寛和二年の御幸の方は記録していた

『日本紀略』に、花山院の御幸が見えないのは、花山院の書寫山御幸は寛和二年の一回のみであったことを強く示唆するものである。長保四年の花山院御幸は、性空像を画かせたという事実に尾鰭(おひれ)が付いて、主に弥勒寺や昌楽寺などの寺院の縁起によって作られたものであることは、ほとんど疑いのないところであろう。

熊野詣

一方、熊野詣の方はどうであろうか。花山院は退位後、寛和二年七月に圓教寺に御幸し、帰京後すぐに(『百練抄』では九月、『日本紀略』では十月)比叡山に登って廻心戒を受けた後、熊野で修行したとされている。これはほとんどの一般書や専門書にも記されていることで、あたかも花山院が熊野で修行を行なったことが、揺るぎのない史実であるかのように考えられているのである。

ところが、花山院の熊野修行を確実に示す史料を探してみても、これが見付からないのである。先にも挙げた『栄花物語』巻第三「さまざまのよろこび」には、永延元年のこととして、花山院が比叡山で戒を受けた後、熊野に参詣したまま、まだ帰還していないと語っている。

また、『栄花物語』巻第四「みはてぬゆめ」にも、次のように見える。

花山院は落ち着きなくあちこちなさって、熊野ご参詣の途中にご気分がすぐれさせなかったので、海人（あま）の塩を焼くのをご覧あそばして、

旅の空　夜半（よわ）の煙と　のぼりなば　あまの藻塩火（もしおび）　たくかとや見ん

（旅先でこのわたしが命果てて、火葬の煙となって空にのぼったならば、人々は海人が藻塩を焼いているのかと見ることだろう）

と仰せになるのだった。旅をお続けになる間に、こうした御歌をたくさんお詠みあそばしたけれど、しっかりした人もお供にいなかったものだから、みな忘れてしまったろうな。こうしてあちこち巡行なさって、円城寺（えんじょうじ）という所においでになり、桜がたいそうみごとなのを見てお歩きになって、ひとりごとのようにお詠みになった御歌は、

木のもとを　すみかとすれば　自ら（おのずか）　花見る人に　なりぬべきかな

（桜の木の下を住みかにしていると、世捨て人であることを忘れて、いつの間にか花見に心を奪われる俗世の人にもどってしまいそうだ）

とのことである。胸うたれるような御有様も、たいそうおそれ多いことではある。

しかし、ほとんど歌物語（うたものがたり）のようなこれらの記事を以て、確実な根拠とするわけにもいかない。あちこちで歌を詠んだものの、「しっかりした人もお供にいなかったもの

だから、みな忘れてしまったろうな」などとは、あまりに稚拙な言い訳である。

なお、「あまの藻塩火」の歌は、『大鏡』地「太政大臣伊尹　謙徳公」では、

花山院は、ご出家の願いが達せられて、熱心に勤行あそばされ、仏道修行のためにお詣でにならぬ所はありません。さて、熊野権現参詣の途中の千里の浜という所で、にわかにご気分が悪くなられたので、浜辺にあった石を御枕にして、お寝みになっていらっしゃると、すぐ近くに漁夫が塩を焼く煙が立ち上るのをご覧になった心細さは、本当にどんなにか身にしみてお感じになったことでしょう。その時に詠まれた御歌、

たびのそらよはのけぶりと　のぼりなば　あまのもしほ火たくかとやみん

（旅の途中、もしこの浜辺に病で死んで、火葬の煙となり夜半の空に立ち上ったならば、人は漁夫が藻塩を焚いている火と見ることであろうか）

とあるように、千里の浜で病悩し、海人が塩を焼くのを見た心細さを歌に詠んだことになっている。この後、先ほど挙げた比叡山での験競べの説話へと続く。ここに見える千里の浜というのは、現和歌山県日高郡みなべ町山内、有間王子で有名な岩代付近の浜であり、熊野への途中も途中、中辺路への入口である田辺よりも手前である。本

当に熊野に詣でたのならば、その話も語ればよさそうなものであるが、これは現地の地理も知らず、『栄花物語』を見ただけでこの部分を作ってしまったものだから、このような記述になっているのであろう。

その他、後世の史料を見てみると、まず元亨二年（一三二二）に上程された『元亨釈書』「願雑十之二」には、「また紀州那智山から出なかったことは三年。その励苦・精修して苦行した者は皆、法を取った」と見える。那智山で三年、苦行を行なったことになっている。

また、南北朝時代から室町時代にかけて書かれた『皇代暦』「花山院」には、「入道の後、熊野・金峯山・天台山など、所々の霊験の仙窟で、皆、御修行された」と見え、所々を修行して歩いたとある。『歴代皇紀』にも同様に見える。

『吾妻鏡』建久三年（一一九二）十二月十一日条には、「また花山法皇が皇居を去られて熊野山に臨まれ、また皇祖の冥福を祈る為に那智山に参籠された三千日は、皆、恩を知り恩に報いる理を表わす為でしょう」と見える。花山院が皇祖の菩提を救うために那智山に三千日、参籠したとある。

また、『平家物語』の異本の一つである『源平盛衰記』「法皇熊野山那智山御参詣事」には、近くは花山法皇が御参詣された。滝本に三年千日の行を始め行なわれた。今の世まで六十人の山籠といって、都鄙の修行者を集めて、難行苦行をしたとか。その花山法皇の御行の間に、様々な験徳を顕わせられたそうな。「その中で竜神が天降って、如意宝珠一顆・水精の念珠一連・九穴の蚫貝一つを奉った。法皇はこの供養を行なわれて、末代の行者の為にとして、宝珠をば岩屋の内に納められ、念珠をば千手堂の部屋に納められて、今の世までも、先達がこれを預り伝えた。蚫をば一の滝壺に放ち置かれた」と云うことだ。……花山法皇の御籠の時、天狗が様々に妨げ奉られたので、陰陽博士安倍晴明を召して、仰せ含められたので、晴明は狩籠の岩屋と云う所に多くの魔類を祭り置いた。「那智の行者に不法懈怠の者がいる時は、この天狗が共に瞋りをなして、恐しい」と語り伝えている。

と見え、修行中の竜神や天狗など、様々な「もの」との交流が描かれる。

治承年間（一一七七―八一年）に成立した仏教説話集『宝物集』巻第四には、

花山の法皇は、十善の位、万機の政を捨てて、清涼・紫宸の玉のすだれを出て、はるかに那智の山にこもられた。紀伊国千里の浜という所で、御心地をわずらわれて、岩おのそば、磯のほとりに喘ぎ臥して、四衛府が陣を固め、十人の蔵人が法皇の竜顔に近侍し、滝口の問籍が法皇の天聴をおどろかし、近衛の夜行が禁中をめぐり、すこしの御幸があれば、文武百官が陣を引き、内侍が剣璽を取って前後に扈従した事を、心弱く思い出して、このようにお詠みになった。

と見え、千里の浜で歌を詠んだ事情が語られる。

和歌については、まずは応徳三年(一〇八六)に完成した『後拾遺和歌集』巻第九「羇旅」には、

熊野の道中で、御心地が通例ではなく思われたところ、海士が塩を焼くのをご覧になって、

旅の空よはの煙と のぼりなば あまの藻塩火 たくかとや見ん

(このたびの途中で息絶え、火葬の煙となって立ちのぼったとしたら、人々は海人が藻塩の火をたいているかと見ることであろうか)

という歌が載せられている。『続拾遺和歌集』二十「神祇」には、

熊野にまいらせ給ける時、いはた河にてよませ給うける、花山院御製

いはた河　わたる心の　ふかければ　神もあはれと　思はざらめや
（岩田川を渡る心が深いので、神もあわれとお思いにならないことがあろうか）

という歌が載せられている。岩田川というのは中辺路から西牟婁郡白浜町富田で紀伊水道に注ぐ富田川の中流域のことで、熊野詣においては三途の川をイメージされていた川である。

次いで延慶三年（一三一〇）頃に成立した『夫木和歌抄』四「花」には、

いしはしる　たきにまかひて　なち山の　高ねをみれは　はなのしらくも
（滝に混じって那智山の高嶺を見ると桜の花が入り乱れて白雲となっている）

という「花山院御製」を載せる。これは那智の滝を望んで詠んだ歌ということになっている。

しかし、これらの和歌を以て、花山院の熊野修行を史実と認めるわけにはいくまい。和歌は現地に赴かなくても詠めるのである。しかも、『夫木和歌抄』を除けば、まだ紀伊水道沿いの海岸線や、中辺路の入口あたりで詠んだとされる歌であり、本当に花山院が熊野本宮まで赴いたと語っているわけではない。『夫木和歌抄』にしても、本宮や新宮は登場せず、いきなり花山院が那智に現われるのである。これは諸説話も同様で、花山院が熊野本宮でどうこうしたというものは見られず、ひたすら那智山との関係が語られているのである。説話や「御製」を作った主体が窺えようというものである。

『後拾遺和歌集』十八「雑」には、恵慶法師が「花山院の御供で、熊野へ参りました道中で、住吉で詠みました」歌というのを載せるが、これも手前も手前、まだ現在の大阪を出ていないのである。

なお、治承・寿永（一一七七—八四）の頃に成立した『山家集』中「雑」には、

花山院が那智に籠って滝に入堂しましたときに、この上に一・二の滝がありました。……花山院の御庵室の跡がございます前に、年を経た桜の木がありましたのを見て、花山院が「すみかとすれば（木の下を すみかとすれば おのづから 花見る人に なりぬべきかな〈『詞花集』のこと〉）」と詠まれなさったことが思い出されて、

木のもとに すみけるあとを 見つるかな 那智の高根の 花を尋ねて

（那智の高嶺の桜の花を訪ねて、花山院が桜の木の下をすみかとされ、心を澄まされたあとを見たことだ）

と語られている。西行の頃には、那智には「花山院庵室跡」というのが存在したのであろう。

さらに後世の縁起類では、『粉河寺縁起』六「花山院御幸」には、

法皇は冷泉院の第一の皇子である。十善の位を遁れて三明の道を求められた。正暦二年の冬、熊野山から御下向された次いでに、当寺に御参詣があった。……

と見える。花山院が熊野参詣の帰途に粉河寺に立ち寄り、和歌を詠んだというものである。何故ここに粉河寺が登場するかは、後に明らかにする。

江戸時代初期に原本が成立した『熊野年代記』には、

同（正暦）三年〈壬辰〉、法皇は熊野に行幸された。那智山の滝本の本尊を御寄進された。本宮へ法華経一部、新宮へ御装束を納められた。八月上旬に還御された。御髪を妙法山に納められた。一寸八分の金仏を庵主に納められた。

とある。花山院が行幸を行なった際、熊野三山に種々の寄進を行なったと語られるが、具体的な行動は語られていない。

さらに後世、天保十年（一八三九）に完成した『紀伊続風土記』八十三「那智山　牟婁郡　新宮部上」には、

花山法皇は寛和二年の後、御山籠されて、正暦二年冬に御還御された。

と見え、退位後、正暦二年冬まで参籠していたとある。同じ『紀伊続風土記』七十九「那智山　牟婁郡　那智山」では、

花山法皇は滝本に御参籠されて、その後、苦行の僧はこれに勧修して、それから滝修行の称が起こった。

と、那智の滝の滝修行の起源を花山院に求めている。ここでは花山院が修行したのは滝の下となっているが、さらに『紀伊続風土記』七十九「牟婁郡　那智山　旧跡」には、「花山法皇御参籠所基跡」として、

那智本社の西北二十五町にあり、古い茶碗・茶壺等がある。花山法皇が御所持していたとのことを言い伝えている。花山法皇の御歌に、「木のもとをすみかとす

れば自ら花見る人になりぬべきかな」とある。今も桜の枯木一本がある。法皇が御参籠の時の木と言っている。茶器を入れた石櫃は、南竜公（徳川頼宣）の御寄附である。御参籠所の寺号を今は円城寺という。

という記述が見える。ここでは円城寺と号す「花山法皇御参籠所」は、滝よりもさらに西北に入った山中で、そこには今（天保年間）も桜の枯木と古い茶碗や茶壺があるというのである。これについては、後に述べることとしよう。

今井源衛氏は、正暦三年八月三日から正暦四年四月一日までの数箇月間が熊野滞在期間とされるが（『元亨釈書』や『源平盛衰記』の語る千日の行は、とうてい信用できないとされる）、それも確実な史料に基づいた推定ではない。

『大日本史料』は第二編之一の「補遺」として、「是歳（寛和二年）、花山法皇、熊野ニ御幸アラセラル」という綱文を立て、種々の史料を掲げているが、挙げられているのは『栄花物語』以下、『大鏡』や先に挙げたような説話・歌集などである。『栄花物語』の「去年の冬」を根拠として、年次を確定したのであろうか。

これらのような史料に基づいて、花山院の熊野修行を推定したとするならば、あまりに杜撰な編修態度と断ぜざるを得まい。

この間の『権記』や『小右記』、『日本紀略』他の信頼できる史料には、花山院の熊野御幸は見えない。特に蔵人頭として花山天皇の側近に侍していた藤原実資の『小右記』に何の記述もないというのは、花山院の熊野御幸が、まったく行なわれなかったのみならず、宮廷の話題にも上らなかったという史実をきわめて強く示唆するものである。

一介の僧とは異なり、これほどの身分の人物が熊野まで出かけるとしたら、かなり大がかりな行事となるわけであり（書寫山に御幸を行なった最初で最後の年における例を想起すればいい）、当然ながら朝廷の注目を浴びるはずである。同時代の史料にまったく見えないというのは、花山院の熊野御幸自体が、実はまったく行なわれなかったことを示していると考えた方がよさそうである。

何故に花山院の熊野御幸という説話が誕生したかという背景を推測すると、実は長保元年（九九九）に、花山院は熊野詣を一条天皇に申し出て、それを止められるという騒動を起こしているのである。

この年の十一月三日の『小右記』には、

花山院に参った。長い時間、御前に伺候した。おっしゃって云ったことには、「十六日、密々に熊野に参ることにした。馬一疋（ぴき）を貸し奉るように」ということだ。献上するということを奏上した。秉燭（へいしょく）の後、退出した。

という記事がある。花山院が実資を呼び出し、密々に熊野に参るから馬を貸せと要求しているのである。実資はこれに応じているが、さすがに花山院ほどの身分の人の熊野詣となると「密々に」というわけにはいかず、すぐに宮廷社会に知れわたった。

なお、この時期、花山院には関係のない話であるが、十一月一日に藤原道長の女の彰子が一条天皇の後宮に入内し、七日に女御とされた。同じ七日には藤原道隆の女の定子が一条天皇の第一皇子である敦康を産んでいたという、きわめて大変な時期だったのである。花山院に責任はないのではあるが、宮廷社会の反応は、「この忙しない時に」といったものだったことであろう。

さて、続く史料は、当時、一条天皇の蔵人頭であった藤原行成の『権記』の十一月十三日条である。

> 早朝、内裏に参った。左府（道長）の御直廬に参った。「『花山院が、御修行の為に伊勢国を経て熊野に参られようとしている』と云うことだ。あの国境は、今月、斎が有る。上皇が往還されたならば、便宜が無いに違いない。もし天皇の御書状が有ったならば、停止されるであろうか。もしついでが有ったならば、このことを天皇に奏上するように」と。すぐに事情を奏上した。

行成は道長から、花山院が伊勢経由で熊野詣を企てていると知らされ、これは往還の煩いがあるから（通過する国の国司や人民が大変だから、の意味）、停止させるべきである、これを一条天皇に奏聞するように、との命を受けた。行成はこれを一条に奏聞し、一条の命を受けて花山院の許に向かった。一条の意向を聞いた花山院の返答は、次のようなものであった。

> 勅使として院（花山院）の許に参った。判官代（藤原）基頼を介して、これを奏上させた。院の御返事に云ったことには、「宿願が有るので、先年、参詣しようとしていたが、天皇の仰せによって停止した後、様々な祟りが、すでに重なった。そこで賽を行なおうと思う。去年の秋、入山しようと思ったけれども、意外な障りがあったので、今まで延引している。厳寒の候に及ぶのではあるが、強いて参り向かおうと思う。行歩は堪え難いので、紀伊路に向かわず、密々に船に乗って参る為、伊勢を経由することになる。上下、扈従する人は、何人もいない。どうして路次の往還の煩いを起こすことがあろうか」ということだ。すぐに帰り参って、天皇に奏聞した。

これによれば、花山院の熊野詣は、「先年」も停止し、「去年の秋」も延引しているのである。熊野詣を「宿願」と称していることからも、これ以前に花山院が熊野に赴いたことがないのは、明らかであろう。

十三日の行成を介した一条の停止要請にも、花山院は怯むことはなかった。『小右記』の十五日条には、

華山法皇は、明朝、熊野に参られることになっている。事情を承る為、晩方、参入した。長い時間、御前に伺候した。

とある。あくまで翌十六日の出立を予定しているのである。また、少なくとも実資はこれに反対してはいないことも興味深い。

いよいよ出立が迫った十五日の深夜、一条の命を受けた行成は実資を召したが、実資は障りを称して参らなかった。実資が花山院の熊野詣を支援しているという情報を得た一条が、実資を呼んで、花山院に停止を勧告させようとしたのであろう。『権記』には、

仰せによって、太皇太后宮大夫（実資）を召し遣わした。障りを申して参らなか

った。

と、『小右記』には、

戌剋の頃、内裏から召しが有った。病悩が有るということを申させた。

と、それぞれ記されている。

実資が使えないと知った一条は、行成を花山院の許に遣わした。『権記』には、

戌四剋、勅使として院の許に参った。（藤原）為元を介して、熊野御幸を停止されるよう、院に奏上させた。院の御返事に云ったことには、「宿願が有るので、参詣することにしたのである。天皇の仰せの趣旨は畏れ多いとはいっても、宿願を遂げなくてはどうするというのか。やはり参ることとする」と。すぐに帰って、このことを天皇に奏上した。

とある。花山院はあくまで「宿願」を遂げようと、一条の要請を拒絶するのであった。

行成の使いでは花山院は言うことを聞かないとわかった一条は、強いて実資を呼び

出し、花山院の許に赴いて、停止を要請するよう命じた。『権記』には、

重ねて天皇の仰せを蒙り、太宮大夫（実資）を召し遣わした。亥一剋に参入した。天皇がおっしゃって云ったことには、「院の御修行については、路次の愁いがあるので、再三、停止されるようにと申させた。ところが、まったく許容されない。奇怪に思うことは少なくない。重ねて事情を申させようと思う。憚るところが無いわけではない。路次の愁いを聞いた為である。また黙止することはできない」と。大夫はすぐに院の許に参った。子一剋、帰り参った。

と、『小右記』には、

亥剋の頃、頭弁（行成）が重ねておっしゃって云ったことには、「病悩を我慢して、必ず参入するように。すでに深夜に臨んでいる。宿装を着して参入するように」ということだ。そこで参入した〈時に子二剋。〉。頭弁を介して奏上させた。天皇がおっしゃって云ったことには、「花山法皇が熊野に参られることについてである」と云うことだ。御詞は極めて多かった。そこで詳細を記さない。参らせるわけにはいかないということである〈二度、頭弁を遣わして御書状が有った。

法皇は聞かれなかった。そこで私に命じられたものである。〉。すぐに院に参って、事情を奏上した。

と、それぞれ記されている。両者で時剋が異なっているのが興味深いが、それはさておき、「御詞、極めて多し」ということから、どうも一条は、「黙っていることはできない」ということで、言葉を極めて花山院の熊野詣を非難したようである。

それに対する花山院の返答は、いかがなものだったのであろうか。まず『権記』には、

院の御返事を奏上されて云ったことには、「宿願が有るとはいっても、仰せ事が有るので、遂に果たすことができなくなった。ただ、粉河寺に参ろうと思う」と。時に主上（一条天皇）は、御寝されていた。そこで夜御帳の下に参って、このことを奏上した。

と、『小右記』には、

あれこれ仰せに随うということを、法皇は奏上された。「もしかしたら粉河寺に

参るのは如何であろう。そもそも仰せ事に随うことにする」と。また帰り参った。同じ人（行成）を介して、法皇の御書状を奏上させた。

と、それぞれ見えるように、花山院は「熊野御幸は諦めるが、代わりに粉河寺に参りたい」と一条に願い出たのである。

一条は、それに対しても、『権記』に、

天皇がおっしゃって云ったことには、「仰せについては承った。御修行の御宿願については、尊いことである。ところが度々、事情を申させるのは、極めて便宜が無い。ところが、時候は厳寒に及ぶうえに、収穫の頃は田舎は愁いが有る。御幸については、たとえ倹約に努めるとはいっても、事はすでに限りが有る。上下の供奉の人は、きっと多数いるのであろう。そこで事の煩いが有るに違いない。やはりこの間を過ぎてから遂げられては如何であろう」と。「大夫は、天皇の仰せの趣旨を承って、重ねて参入した」と云うことだ。

と、『小右記』に、

「厳寒の間は、参られてはならない」ということだ。院に参って、天皇の御書状を申した。両処に参られてはならないということは決定した。丑剋の頃、退出した。

と、それぞれ見えるように、停止を求めている。厳寒の季節に入るから、田舎には愁いが有る、供奉の人の数も多かろう、というのが、その理由である。いかにも倹約を治世の旨とした一条らしいが、花山院が一条とは皇統を異にしており、一条に対して親権を及ぼせなかったという、この両者の力関係が大きく影響していることも見逃せない。

結局、実資が再び花山院を訪れ、すべて中止と決まった。すでに丑剋、出立予定時剋の直前のことであった。

花山院の熊野御幸や修行は、この史実を基にした後世の伝説と見るべきであろう。先ほども述べたように、花山院自身が熊野御幸を、「先年」も停止し、「去年の秋」も延引している「宿願」と称しているのであるから、花山院はこの時点までは熊野には行ったことはないと考えなければならない。もちろん、これ以降も熊野や粉河に詣でたという記録はなく、寛弘五年の死を迎えたのである。後白河法皇のように、「熊野へ参るには 紀路と伊勢路のどれ近し どれ遠し 広大慈悲の道なれば 紀路も伊勢路

「円成寺」跡（「花山法皇行在所址」）

も遠からず」（『梁塵秘抄』巻二「四句神歌 神分」）というわけにはいかないのであった。

なお、『山家集』『源平盛衰記』『紀伊続風土記』『後崇光院御筆 熊野詣日記』には、花山の庵室跡なるものが那智に存在すると記している。特に『紀伊続風土記』や『熊野詣日記』は、先に挙げた「那智本社の西北二十五町」にある「花山法皇御参籠所基跡」を詳しく伝えている。

私も二〇一四年の四月、「そんなことあるかいな」とは思いながら、一の滝（一般に「那智の滝」と称されている滝）の上流にある二の滝の滝口と相対する位置にある「円成寺」跡まで登ってみた。とんでもない山道（知らないと、とても道とは思えない）を登ると平場があり、「花山法皇行在所址」と称する碑が建ち、そこから出土した古瀬戸の茶碗や茶壺が収められていたという石櫃（の復元）が置かれていた。

当然ながら、とても花山が登ったり参籠したりできるとは考えられない立地であったが、興味のある方は那智勝浦町観光協会に連絡するとよい。立春から梅雨入りまでの四箇月間のみ、指定のガイド（ここに案内できる方は一人しかおられないとの由）を付ければ入山が許可される。なお、「円成寺」というのは、京都・東山の、現在は大豊神社の地に所在した寺のことであり、『栄花物語』に熊野から帰ると円城寺に到ったとある記事を付会したものである。

その他の寺院

最後に摂津三田の花山院菩提寺に触れておこうか。菩提寺は、天竺から紫雲に乗って飛来したという法道仙人が開基したと伝える寺で、花山崩御の地との寺伝を持ち、西国三十三箇所巡礼の起源とされ、花山が御詠歌を作ったとの伝がある。麓には花山を慕って住みついた女房や妃の「十二尼妃の墓」もある。私も訪れてみたが、美しい山中に佇む素晴らしい寺であるとはいえ、寺伝には、何だかなあといった感じであった。もちろん、西国三十三箇所巡礼が始まったのは院政期のことで、天台寺門派によって組織されたものである（速水侑『観音信仰』）。

菩提寺・「花山法皇御廟所」（兵庫県三田市尼寺）

これまでに挙げてきた花山院修行説話の他、仏眼寺に伝わったとする『廃仏眼寺文書』の「廻国縁起」の項に、花山院の諸国修行説話が載せられている。仏眼寺というのは花山院の院宣で長徳年間（九九五—九九九）に花山院の出家の師であったという仏眼が開基した天台宗寺院と伝えている。その跡地に現在の曹洞宗仏眼寺が造られている。道元の『正法眼蔵』の出版を行なったというので有名な寺である。現地名が大阪府豊中市熊野町というのも、花山院との関連であろうか。

それによると、花山院はまず、寛朝僧正の諫めにより初瀬寺（長谷寺）に参り、そこで徳道上人から性空を訪ねることを勧められ、書寫山に登る。後に熊野に詣で、河内から仏眼上人を召し、美濃の谷汲山華厳寺に参り、西京の善峯寺、下京の「市屋道場」金光寺、筑紫の宗像社に参詣して修行を行なったとある。まさに西国巡礼を絵に描いたような縁起である。

さらに、六甲比命神社付近の仰臥岩には、熊野権現・花山法皇・仏眼上人の連名の碑が現存する。これは現兵庫県神戸市灘区六甲山町にある、磐座をご神体とする神社であるが、「市屋道場」の関連で市姫大明神、その関連で比命神社、花山院ということで熊野と、次々と連想が膨らんでいったものであろう。

豊中の宝珠寺（現大阪府豊中市熊野町）にある石造三重宝篋印塔も、花山院と仏眼上人の墓塔と伝えられている。『摂津名所図会』に、花山院が仏眼の下で観音霊場を巡拝していた時、紀州の熊野に似ているということで、熊野に模して神社の仏閣を造営したと伝える。仏眼→花山院→熊野ということなのであろう。

花山院の修行説話

以上に見てきた花山院の修行譚というのは、まさに流浪する伝説の悲劇的なヒーローとして、史実とは別個に形成された説話であった。

それは国王の位をも捨てて出家したという、まさに仏陀にも等しい尊い行為を讃美した、仏教関係者の作ったものであろう。

先に挙げた『沙石集』巻第十本ノ四にある記述が、それを如実に表わしている。花山院としては、好きで皇位を捨てたわけではなかろうが、突然に出家したという事実が、このような説話を生み、そして増殖していく要因となったのである。

それに加えて、花山天皇の出家というのは、兼家流藤原氏の栄華をもたらすため、そして円融―一条皇統を確立するための犠牲という側面が強かった。それは当時の人々も、後世の人々も、等しく感じていたはずで、政治的な敗者に対する同情と鎮魂が、また悲劇のヒーロー像を増幅していったものと考えられる。

それは政治的勝利者が作った歴史書や、その栄華を誇る「歴史物語」の裏側で、脈々と流れ続ける人々の思いが、具体的な形となって現われ出たものとも言えよう。

4　円融皇統と摂関家の確立

円融皇統の確立

和歌関係や宗教関係を除く、後世の人々の悪意に満ちた花山説話の創作が、冷泉皇統から円融―一条皇統へと移動する皇統交替に起因するものであることは、もはや明らかであろう。

花山は精神に問題があったので、立派な一条の方に嫡流が移動したのである、それは当然の道理である、ついでながら摂関家の嫡流も道長とその子孫に確定した（実はこちらの方が重要なのかもしれない)。このような論理は、形を変え、かなり矮小化してているものの、中国における易姓革命の論理と選ぶところはない。とんでもない暴君の代わりに、日本では「精神に問題のある天皇」が創作され、皇統の交替が正当化されたのであろう。

当時の常識的な皇位継承順というのは、あくまで冷泉系が嫡流だったのであり、数々の偶然の積み重ねによって、円融—一条系が皇統を嗣いでいくこととなったに過ぎないのである。

寛弘五年(一〇〇八)の七月十日、一条が厄年をいつ迎えるかで、算博士の勘申が行なわれている。その結果には、一条は「反正の主」つまり「草創主」であるといった文言が盛られていたという(『山槐記』安元元年〈一一七五〉七月二十八日条)。後文では、「反正の主」とは光仁天皇や光孝天皇など、皇統を正に反し、新たな皇統を創出した天皇のこととしている。

一条は皇統を本流に返したのであり、後一条天皇(敦成親王)誕生以前から円融系を「正」とする皇統観があったという考えがある(岡村幸子「平安時代における皇統意識」)。

それまで冷泉皇統が嫡流と認識されていたことを考え併せると、それは一条が自らの治世の中で一歩一歩築き上げ、皆に認識させていったということになるが、為尊・

敦道親王に加えて花山が死去し、一条の後継者である敦成が生まれたこの寛弘五年こそ、皇統認識の転機をもたらした重大な年であったことになる（倉本一宏『一条天皇』）。

そもそも、一条厄年の勘申が、二月八日に花山が死去した後、九月十一日に敦成が生まれる前の七月十日に行なわれたことにも、何らかの政治的意図が窺えよう。

摂関家の確立

その過程で、藤原氏における道長家の優位が確定的となった。元々道長というのは花山を退けた兼家の五男に過ぎない。兼家にしても師輔の三男、師輔も忠平の次男であり、道長はとても政権の座など望むべくもない立場であったが、兄たちの早世によって政権が転がり込んだ。道長は嫡男の頼通に異数の昇進を遂げさせ、頼通はやがて寛仁元年（一〇一七）、二十六歳で摂政となり、五十一年間も摂関の座に居坐り続けた。頼通の子孫が、やがて摂関家としてこの地位を継承していく。

その間、藤原氏の関係者によって、本来は嫡流ではなかったはずの道長―頼通へと収斂していく政権の正当性を語る説話や「歴史物語」が作られ、一方では、彼らが後見する円融―一条―後一条・後朱雀へと収斂していく皇統の正統性を語る説話や「歴史物語」が作られていったのである。

いわば、本来ならば摂関の座を手に入れられるはずのなかった摂関家の関係者が、本来ならば皇統を嗣げるはずのなかった天皇家嫡流の正統性を主張するために、本来ならば皇統を嗣ぐはずであった天皇たちの「狂気」説話を作り出していったのである。

もちろん、そこには、説話の作られた院政期の院や天皇に対して、実際には政治権力の衰えつつあった摂関家が、「あなた方が皇位に坐ることができるのは、私たちの先祖があなた方の先祖を無理に皇位に即けてあげたからだ」と恩に着せるという、現実的な主張も見え隠れしている。

花山の死

さて、花山の死は、寛弘五年に訪れた。前年の七月から病悩していた花山は、寛弘五年の二月八日、死去したのである。四十一歳。「挙哀・素服・国忌・山陵は停止するよう、奏上させるように。何事も凡人と異ならないようにせよ」というのが、その遺詔であった（『権記』）。道長の日記は、

（藤原）挙直が申して云ったことには、「この夜半の頃、花山院が崩じました」と。

と記すのみである（『御堂関白記』）。なお、『小右記』はこの年は七月までは逸文も残

紙屋川上陵

っていない。幕末の元治元年（一八六四）に紙屋川上陵が治定された（現京都市北区衣笠北高橋町）。元々は菩提塚と呼ばれていた古墳である。

花山の死は、冷泉系皇統にとって大きな影響をもたらした。これで冷泉系皇統に属する者は、冷泉院と東宮の居貞親王（後の三条天皇）、そして娍子の産んだ居貞の王子女たちだけになってしまったのである（花山院が退位後に産ませた二人の「皇子」を除いて、であるが）。

花山の皇子女

最後に、花山の残した皇子女の行く末を語ることにしよう。

中務とその女が花山の出家後の長徳四年（九九八）に産んだ二人の皇子は、冷泉院の子ということにして寛弘元年（一〇〇四）に親王宣旨を下され、（冷泉の皇子も数えて）五宮は昭登親王、六宮は清仁親王と名付けられた。

二人とも寛弘八年（一〇一一）の三条天皇の即位式に威儀侍従の役を務め、昭登は兵部卿や中務卿に任じられ、長元八年（一〇三五）に三十八歳で薨じた。

清仁の方は弾正尹に任じられ、長元初年に出家し、長元三年（一〇三〇）に三十三歳で薨じた。その子孫は白川伯王家として神祇伯の官を継承し、明治維新まで続いた。

さて、『栄花物語』には四人の皇女のうち、花山が三人を死去の際にあの世に連れて行ったという説話が見えるが、この三人の皇女のことは史料には見えない。

ただ一人、花山の皇女として確認できる女王は、彰子に伺候していたのであるが、万寿元年（一〇二四）十二月六日、盗人の為に殺害されて路頭に引き出され、夜中に犬に喰われてしまった。犯人は翌万寿二年（一〇二五）三月十七日に逮捕されたが、それは隆範という僧であった。しかもその後の自白によると、伊周の嫡男である「荒三位」道雅が行なわせたものとのことであった。実資は、「やはりあの一家の悪事の報いか」と嘆いている（『小右記』）。摂関家の嫡流であったはずの者が、皇統の嫡流であった天皇の皇女を殺害したこの事件は、何ともやりきれない後味を残すものである。

おわりに――「狂気」説話の真相

「狂気」説話と皇統

これまで、何人かの天皇の「暴虐」や「狂気」に関する説話を見てきた。彼らの行状を描く説話はいずれも、その史料性に問題のあるものばかりであり、これらの説話が形成されるに際しては、皇統の交替という歴史事実が大きく影響していることを確認した。彼らはいずれも、本来ならば天皇家の嫡流として皇統を嗣ぐべき存在であったにもかかわらず、何らかの理由で皇統を子孫に嗣がせることができなかった人物ばかりであった。

また、これらの説話で「狂気」を語られた天皇は、実際には精神的に問題のある人物ではなかったであろうことも推定した。彼らを「狂気」の人物に仕立てあげたのは、本来は嫡流ではなかったにもかかわらず新たに皇統を嗣いだ天皇や、それを後見する摂関家藤原氏（こちらも本来は嫡流ではなかった）に連なる人々であったであろうことも、ほぼ明らかであろう。

その間、藤原氏において道長―頼通へと収斂していく政権の正当性を語る説話や

「歴史物語」が作られ、一方では、彼らが後見する円融―一条―後一条・後朱雀へと収斂していく皇統の正統性を語る説話や「歴史物語」が作られていったのである。それと並行して、醍醐天皇や一条天皇など、新たに嫡流となった天皇の「聖帝」説話も作られていった。

寒い夜に「日本国の人民が寒いだろうに、自分が暖かく楽しく寝るのが不便なので」と言って御直垂（直垂衾）を脱いだ醍醐や一条が「聖帝」とされ（『中外抄』『古事談』『続古事談』『十訓抄』『宝物集』『月刈藻集』。なお、この話は中国の孝子伝に原拠を持つものである）、一方では自分が寒いのも顧みずに御衣や夜具を下げ渡す冷泉の説話が、「狂気」の根拠とされたのである。

冷泉皇統の終焉

二十五年にも及ぶ一条の治世の中で終焉を迎えたかの冷泉皇統であったが、完全に消滅する前には、わずかなチャンスが残されていた。一条の次に即位した三条天皇にも、兼家の女である綏子、道隆の二女である原子、道長の二女である妍子が入内したのである。

特に妍子が皇子を産んでいれば、その皇子が後一条天皇（道長一女の彰子所生の一条皇子である敦成）の次に東宮に立てられたのは確実であったはずである。しかし、長和二年（一〇一三）に姸子が産んだのは、後に禎子と名付けられ、後朱雀天皇（彰子所生の一条皇子である敦良）の中宮として尊仁親王（後の後三条天皇）を儲けた皇女であった。道長は公卿や殿上人に会おうともせず、「悦ばない様子が、はなはだ露わであった」という。実資は、「女を産みなされたことによるのであろうか。これは天の為すところであって、人事（人間の力でできる事）は、どうしようもない」と記している（『小右記』）。

それでも三条は、退位の条件として、先に娍子が産んでいた敦明親王を東宮に立てることを道長に呑ませた。こうして命脈を保った冷泉皇統であったが、寛仁元年（一〇一七）の三条の死去によって権力基盤を失った敦明は、東宮の地位を辞退し、道長によって敦良が新東宮に立てられた（倉本一宏『三条天皇』）。ここに冷泉皇統は完全に終焉を迎えたことになる。

「狂気」の天皇

およそ日本に文学というものが生まれて以来、本来は勝者が歴史を作り、敗者が文学を作ってきたものである。『日本書紀』『続日本紀』と『懐風藻』『万葉集』、六国史と『竹取物語』『伊勢物語』『土左日記』の関係を見れば、それは明らかである。

しかし、平安時代も後期や末期になると、勝者に連なる者が、歴史のみならず文学さえも作り出していった。皇統を嗣ぐべきであったにもかかわらず他の系統に皇統を交替させてしまった天皇について、その「暴虐」や「狂気」を語る説話や「歴史物語」が作られたのである。

彼ら四人の在位年数と退位時の年齢、そして退位後の生存年数を挙げると、平城が三年一箇月の在位、退位時には三十六歳、退位後には十五年三箇月の上皇生活を送っている。陽成は、七年三箇月の在位、退位時には十七歳、退位後には六十五年七箇月もの上皇生活を送っている。冷泉は、二年三箇月の在位、退位時には二十歳、退位後には四十二年二箇月の上皇生活を送っている。花山は、一年十箇月の在位、退位時には十九歳、退位後には二十一年八箇月の上皇生活を送っている。

彼らは概して、若年で即位し、短い治世で退位を余儀なくされ、長い上皇生活を送らざるを得なかったのである。短過ぎる在位と長過ぎる余生を送った天皇たち、そして後世にまで皇統を伝えることができなかった天皇たちとまとめることができよう。いまだ成人する前の即位ということで、彼らが朝廷の政務や儀式をうまく執り行なえない事態も生起したであろうし、青年期の天皇となれば摂関をはじめとする貴族層に対する反抗の気持ちも生じたことであろう。儀式の違例や幼いふるまいや悪ふざけが、やがて彼らを退位に追い込んだ勢力とその後裔たちによって喧伝され、それが後世に増幅されて、「狂気」や「暴虐」を語る説話が作られたと考えるべきであろうか。

彼らについての遺伝的な要素も、それに付随して語られることも行なわれたであろう。それは彼らの遺伝子に基づくものではなく、「狂気」の説話を作られる皇統にあったからに過ぎないのである。

日本における説話

それにも関わる話であるが、およそ日本における説話文学は、「説話」という語の本来の意味である口承文芸ではなく、特定の原史料を持つ書承文学であった。つまり、何らかの書物から話を選んで、それを書き写したものを集積したものが、「説話集」と呼ばれる作品なのである。なお、「説話」という文学ジャンルも、近代国文学史上の用語である。

話を書写する際には、それを潤色したり、加筆したり、書き替えたりしたことも行なわれたが、同系統の説話は、元は一つの原史料から様々に派生したものである可能性が高い。口承文芸とは異なり、説話を書写する者は貴族層であることが多いので、古記録類を参照する機会も多かったであろう。

たとえば、『小右記』の花山天皇即位式の記事を見た者が、「脱玉冠」や「遅引」「執伏」などの語を見てこれを故意に曲解し、褰帳命婦と「配偶」したという説話を作ったり、さらに当時、権力を振るっていた花山側近の惟成が意に任せて叙位を行なったという説話を付け加えたりするような類である。

その際、作者の個人的な興味によって話を膨らませていくこともあったであろうが、政治的な要請によって話をねじ曲げたりすることも行なわれたに違いない。それは直接的な要請もあったであろうし、脳裡にある無意識的な人物像によったものもあったであろう。その政治的要請こそ、皇統を嗣ぐことのできなかった天皇を「狂気」に仕立てあげることであったということになる。

日本における「狂気」

小田晋氏の分類によれば、日本文化における狂気は、次の四点に集約されるという(小田晋『日本の狂気誌』)。

1. 共同体的な時空間的制約からの逸脱
2. 日常的経験則からの逸脱
3. 心身相関の制約下にある心的現象(今日の精神病概念はこの見地との整合性を持つ)
4. 狂気の帰結としての社会的行動についての判断中止の一貫した伝統

この「共同体」を平安貴族社会、「日常的経験則」を儀式の先例、「社会的行動」を政務や儀式と置き換えれば、それらに馴染まなかったということで、平安時代の何人かの天皇が「狂気」の人物とされたということは、十分に考えられることである。何度も繰り返すが、彼らは「狂気」であったが故に退位させられ、皇統を嗣ぐことができなかったのではなく、皇統を嗣がせたくない勢力が、彼らを退位させ、「狂気」であったと称することをその根拠としたのである。そして後世、それを増幅した説話が作られ続けていった。

その意味では、気になる言葉がある。それは古記録における「邪気（邪霊の気）」つまり憑霊と、文学作品における「物怪」つまり怨霊の類である。もちろん、これらは取り憑かれる側、および周囲の人々の心の中で起こる現象であり、単なる錯乱状態を指すものであるが、これが積み重なると、対立する政治勢力、またその後裔からは「狂気」の烙印がおされるのではないかと思うのである。「邪気」や「物怪」の実体については、いずれまた考えることとしたい。

『狂気と王権』と「狂気」の天皇

井上章一氏に、『狂気と王権』という興味深い書がある。日本近代国家において、元女官長の不敬事件、虎ノ門事件、田中正造直訴事件など、天皇権威に反抗しようとした事件の犯人を狂人に仕立てあげ、「反・皇室分子＝狂人」というレッテルを貼って、事件自体をなかったことにしたということが、繰り返し行なわれたという分析である（井上章一『狂気と王権』）。

天皇を暗殺しようとした人物を「狂人」として扱った近代に対し、古代においては、逆に特定の天皇が「狂気」の人物とされたということになる。

それはあたかも、北国出身の地方豪族に過ぎなかった男大迹（継体）を始祖とする天皇家が、その系譜的な後ろめたさを糊塗するために万世一系の天皇系譜を造作したのと同様、藤原氏の傍流に過ぎなかった権力者（後に摂関家の祖となる人物）と、彼らが後見する傍流に過ぎなかった天皇家の系譜的な後ろめたさを正当化するために、造作された物語なのであった。

本来、古代の天皇は無限定の権力を保証されていたはずである。たとえ先例を逸脱する行動があったとしても、皆がそれに合わせていけばよかっただけの話である。自己の政治権力に都合の悪い天皇だからといって、その天皇を玉座から引きずり下ろし、挙げ句の果てはその天皇を「狂気」の人物とするというのは、古代国家の本来の姿ではないはずである。

もし、本当に狂っていたとするならば、それは摂関家によって行なわれた「摂関政治」という政治システム、そしてそれを必然とした「古代天皇制」という君主制そのものだったのである。

文庫版あとがき

『平安朝 皇位継承の闇』と名付けられたこの本は、編集を担当してくださった竹内祐子さんのお力によって二〇一四年十二月二十二日に無事に刊行され、一部の方からはご好評をいただいていたのであるが、残念ながら現在では品切れとなっている。私は少し残念に思っていたのだが、今回、竹内さんから、花山天皇の部分を加筆して文庫化してくださるというありがたいお申し出を受けた。「急にそんなこと言われても」と思ったのであるが、よく考えたら、二〇一四年十一月二十九日に、先輩の森公章さんが勤めておられる東洋大学において、白山史学会第五十二回大会公開講演会で発表したことがあり、それを「花山院の修行説話をめぐって」と題して、二〇一五年五月三十一日に『白山史学』五十一号に掲載していただいていたことを思い出した。この論文で引用した史料を現代語訳して、それを前の本の花山天皇の修行譚の箇所に追加すれば、何とかなるのではないかということで、この文庫版が完成したのである(実際には、けっこう難儀な作業であったが)。

『平安朝 皇位継承の闇』が刊行された頃は、日本の将来の皇位継承をめぐって、女性天皇や女系天皇、女性宮家に関する政治的議論が盛んに行なわれていた時期であり、それに関連してか、各皇族に対する様々な興味本位の報道が沸騰しており、日本の歴史において何度か見られた皇統交替が、将来に起こりそうな雰囲気が生起していた。

それらの無責任な報道に接するに際し、私はこの本で示したような、史実とは異なる説話の形成の匂いを秘かに感じていたものである。ここで、日本の歴史でかつて起こった史実と説話、伝説を厳密に区別し、本当は何が起こっていたのか、そして説話や伝説が生まれた背景は何であったのかを、しっかりと把握する必要があるのではないか。それこそが現在や未来を生きる我々が、確固たる立場を確立する第一歩であると考えるものである。皇統交替の時期が近付いてくるにつき、この文庫版を刊行する意味も出てくるのではないかとも考えた次第である。

それはさておき、私はこの本で触れたような敗れた天皇の、敗れてからの存命年数に注目している。実在が疑われる武烈はさておき、平城天皇は大同四年（八〇九）四月に譲位してから天長元年（八二四）七月に崩御するまで十五年三箇月、陽成天皇は元慶八年（八八四）二月に譲位してから天暦三年（九四九）九月に崩御するまで六十五年七箇月、冷泉天皇は安和二年（九六九）八月に譲位してから寛弘八年（一〇一一）十月に崩御するまで四十二年二箇月、そして花山天皇は寛和二年（九八六）六月に譲位してから寛弘五年（一〇〇八）二月に崩御するまで二十一年八箇月である。

彼らはこの長い年月を、しかもほとんどは青年期から壮年期にかけて、「おりゐの帝（みかど）」として、自分を皇位から降ろした人物の支配する時代を見ながら過ごさなければならなかったのである。彼らのほとんどが在位中は積極的な政治を志向していたことを考えると、その思いは想像に余りある。

まあ、彼らが新しい天皇によって殺されずにすんで、その結果、一人も怨霊（おんりょう）にならずにすんだことが、唯一の救いと言えようか。さすがは「平安」時代である。

ちょうど二〇二四年のNHK大河ドラマ「光る君へ」が、紫式部（むらさきしきぶ）（と道長（みちなが））を主人公としたものであり、私もそれに関わっているので、ドラマの中で花山天皇が説話のように描かれ、それが広く国民の間に浸透してしまうことを恐れている。この文庫版によって、歴史の本質が正しく伝わることを願うばかりである。

二〇二三年八月　　多磨にて

著者識（しる）す

略年譜

年次	西暦	天皇家関係	藤原氏関係
天応元	七八一	桓武天皇即位	
大同元	八〇六	**平城天皇践祚**（三十三歳）	藤原内麻呂右大臣
大同四	八〇九	**平城天皇譲位**（三十六歳） 嵯峨天皇践祚（二十四歳）	
弘仁十二	八二一		藤原冬嗣右大臣
弘仁十四	八二三	淳和天皇践祚（三十八歳）	
天長元	八二四	**平城上皇崩御**（五十一歳）	
天長十	八三三	仁明天皇践祚（二十四歳）	
嘉祥三	八五〇	文徳天皇践祚（二十四歳）	
天安二	八五八	清和天皇践祚（九歳）	藤原良房摂政
貞観十八	八七六	**陽成天皇践祚**（九歳）	藤原基経摂政
元慶四	八八〇		藤原基経関白
元慶八	八八四	**陽成天皇譲位**（十七歳） 光孝天皇践祚（五十五歳）	藤原基経関白
仁和三	八八七	宇多天皇践祚（二十一歳）	藤原基経関白
寛平九	八九七	醍醐天皇践祚（十三歳）	
延長八	九三〇	朱雀天皇践祚（八歳）	藤原忠平摂政
天慶四	九四一		藤原忠平関白
天慶九	九四六	村上天皇践祚（二十一歳）	

天暦三	九四九	**陽成上皇崩御（八十二歳）**	
康保四	九六七	**冷泉天皇践祚（十八歳）**	藤原実頼関白
安和二	九六九	**冷泉天皇譲位（二十歳）** 円融天皇践祚（十一歳）	藤原実頼摂政
天禄元	九七〇		藤原伊尹摂政
天延二	九七四		藤原兼通関白
貞元二	九七七		藤原頼忠関白
永観二	九八四	**花山天皇践祚（十七歳）**	藤原頼忠関白
寛和二	九八六	**花山天皇譲位（十九歳）** 一条天皇践祚（七歳）	藤原兼家摂政
正暦元	九九〇		藤原道隆関白
長徳元	九九五		藤原道兼関白 藤原道長内覧
寛弘五	一〇〇八	**花山上皇崩御（四十一歳）**	
寛弘八	一〇一一	三条天皇践祚（三十六歳） **冷泉上皇崩御（六十二歳）**	藤原道長内覧
長和五	一〇一六	三条天皇譲位（四十一歳） 後一条天皇践祚（九歳）	藤原道長摂政
寛仁元	一〇一七	三条上皇崩御（四十二歳） 敦明親王東宮遜位／敦良親王立太子	藤原頼通摂政
寛仁三	一〇一九		藤原頼通関白
長元九	一〇三六	後朱雀天皇践祚（二十八歳）	

参考文献

国史大辞典編集委員会編『国史大辞典』吉川弘文館　一九七九年—一九九七年
角田文衞監修・古代学協会・古代学研究所編『平安時代史事典』角川書店　一九九四年
青木和夫他編『日本史大事典』平凡社　一九九二年—一九九四年
永原慶二監修・石上英一他編集『岩波日本史辞典』岩波書店　一九九九年
橘　健二・加藤静子校注・訳『新編　日本古典文学全集　大鏡』小学館　一九九六年

はじめに

ガイウス・スエトニウス・トランクィッルス（国原吉之助訳）『ローマ皇帝伝』岩波書店　一九八六年
新保良明『ローマ帝国愚帝列伝』講談社　二〇〇〇年
吉川忠夫『侯景の乱始末記　南朝貴族社会の命運』中央公論社　一九七四年
宮崎市定『隋の煬帝』中央公論社　一九八七年、原著一九六五年
布目潮渢『つくられた暴君と明君　隋の煬帝と唐の太宗』清水書院　一九八四年
小田　晋『日本の狂気誌』思索社　一九八〇年
小田　晋『東洋の狂気誌』思索社　一九九〇年
岩波　明『どこからが心の病ですか？』筑摩書房　二〇一一年

芹沢一也編著『時代がつくる「狂気」―精神医療と社会―』朝日新聞社　二〇〇七年
ミシェル・フーコー（田村俶訳）『狂気の歴史―古典主義時代における―』新潮社　一九七五年、原著一九六一年
ミュリエル・ラアリー（濱中淑彦監訳）『中世の狂気　十一～十三世紀』人文書院　二〇一〇年、原著一九九一年
浅井昌弘・倉知正佳・中根允文・牛島定信・小山司・三好功峰編『臨床精神医学講座S11　精神疾患と遺伝』中山書店　二〇〇〇年

序　章　武烈天皇の暴虐と新王朝

大脇由紀子「武烈天皇　矛盾に満ちた記述で描かれた猟奇的な恐怖の天皇」『歴史読本』五二―一四　二〇〇七年
大脇由紀子「武烈天皇　なぜ、悪逆非道の天皇として描かれるのか？」『歴史読本』編集部編『ここまでわかった！日本書紀と古代天皇の謎』KADOKAWA　二〇一四年（初出二〇一三年）
氣賀澤保規「倭人がみた隋の風景」氣賀澤保規編『遣隋使がみた風景―東アジアからの新視点―』八木書店　二〇一二年
倉本一宏「大王の朝廷と推古朝」大津透他編『岩波講座日本歴史　第2巻　古代2』岩波書店　二〇一四年

竹内康浩『「正史」はいかに書かれてきたか―中国の歴史書を読み解く―』大修館書店 二〇〇二年

第一章 平城天皇と「薬子の変」

北山茂夫「平城上皇の変についての一試論―「日本古代政治史の研究」―続篇その2」『立命館法學』四四 一九六二年
佐藤宗諄「嵯峨天皇論」『平安前期政治史序説』東京大学出版会 一九七七年
橋本義彦「〝薬子の変〟私考」『平安貴族』平凡社 一九八六年(初出一九八四年)
佐藤 信「平城太上天皇の変」『歴史と地理』五七〇 二〇〇三年
目崎徳衛「平城朝の政治史的考察」『平安文化史論』桜楓社 一九六八年(初出一九六二年)
笹山晴生「平安初期の政治改革」『平安の朝廷 その光と影』吉川弘文館 一九九三年(初出一九七六年)
春名宏昭『平城天皇』吉川弘文館 二〇〇九年
河内祥輔『古代政治史における天皇制の論理』吉川弘文館 一九八六年
中西康裕『続日本紀と奈良朝の政変』吉川弘文館 二〇〇二年
遠藤慶太『平安勅撰史書研究』皇學館大学出版部 二〇〇六年
久富木原 玲「薬子の変と平安文学―歴史意識をめぐって―」『愛知県立大学文学部論集 国文学科編』五六 二〇〇七年

第二章　陽成天皇の行状説話

和田英松「藤原基経の廃立」『中央史壇』二―五　一九二一年
山口 博「陽成帝の退位をめぐって」『日本歴史』二三九　一九六八年
角田文衞「陽成天皇の退位」『王朝の映像』東京堂出版　一九七〇年（初出一九六八年）
瀧浪貞子「陽成天皇廃位の真相―摂政と上皇・国母―」朧谷 壽・山中 章編『平安京とその時代』思文閣出版　二〇〇九年
田村憲治「言談と説話―陽成天皇廃位・光孝天皇即位譚をめぐって」『愛媛大学人文学会創立十五周年記念論集』一九九一年
池上洵一「口承説話における場と話題の関係―『玉葉』の記事から―」『語文』四三　一九八四年
山下道代『陽成院 乱行の帝』新典社　二〇〇六年
伊東玉美「陽成天皇の奇行伝説」『スサノオ』三　二〇〇五年
松本治久「『大鏡』の「陽成天皇ご退位」の記事についての検討」『並木の里』五二　二〇〇〇年
佐藤全敏「宇多天皇の文体」倉本一宏編『日記・古記録の世界』思文閣出版　二〇一五年
佐々木恵介『日本古代の歴史4 平安京の時代』吉川弘文館　二〇一四年

第三章　冷泉天皇の「狂気」説話

今井源衛『花山院の生涯』桜楓社　一九六八年
土田直鎮『日本の歴史5　王朝の貴族』中央公論社　一九六五年
服部敏良『王朝貴族の病状診断』吉川弘文館　一九七五年
渡辺　滋「冷泉朝における藤原実頼の立場―『清慎公記』逸文を中心に―」『日本歴史』七八七　二〇一三年
芳賀矢一『國文學史概論』文會堂書店　一九一三年
芳賀矢一『芳賀矢一遺著　日本文獻學　文法論　歴史物語』冨山房　一九二八年
豊永聡美『中世の天皇と音楽』吉川弘文館　二〇〇六年
倉本一宏『一条天皇』吉川弘文館　二〇〇三年
倉本一宏『三条天皇』ミネルヴァ書房　二〇一〇年

第四章　花山天皇の「狂気」説話

髙橋正雄「今井源衛の『花山院の生涯』―国文学と病跡学の接点―」『日本医事新報』四六六八　二〇一三年
阿部　猛「花山朝の評価」『平安前期政治史の研究』大原新生社　一九七四年
倉本一宏「花山院の修行説話をめぐって」『白山史学』五一　二〇一五年
鈴木敏弘「摂関政治成立期の国家政策―花山天皇期の政権構造―」『法政史学』五〇　一九九

八年
今　正秀「花山朝の政治」『高円史学』二〇　二〇〇四年
勝倉壽一「『大鏡』における花山院紀の位相」『福島大学教育学部論集　人文科学部門』七三　二〇〇二年
平林盛得「花山法皇と性空上人―平安期における一持経者の周辺―」『書陵部紀要』一四　一九六二年
岡村幸子「平安時代における皇統意識―天皇御物の伝領と関連して―」『史林』八四―四　二〇〇一年
速水　侑『観音信仰』塙書房　一九七〇年

おわりに――「狂気」説話の真相

井上章一『狂気と王権』紀伊國屋書店　一九九五年

本書は二〇一四年十二月に小社より刊行された『平安朝　皇位継承の闇』を改題し、加筆修正のうえ文庫化したものです。

敗者たちの平安王朝

皇位継承の闇

倉本一宏

令和5年 11月25日　初版発行
令和6年 10月10日　3版発行

発行者●山下直久

発行●株式会社KADOKAWA
〒102-8177　東京都千代田区富士見2-13-3
電話　0570-002-301（ナビダイヤル）

角川文庫 23917

印刷所●株式会社KADOKAWA
製本所●株式会社KADOKAWA

表紙画●和田三造

●お問い合わせ
https://www.kadokawa.co.jp/（「お問い合わせ」へお進みください）
※内容によっては、お答えできない場合があります。
※サポートは日本国内のみとさせていただきます。
※Japanese text only

ISBN 978-4-04-400791-1　C0121

◆◇◇

角川文庫発刊に際して

角川源義

第二次世界大戦の敗北は、軍事力の敗北であった以上に、私たちの若い文化力の敗退であった。私たちの文化が戦争に対して如何に無力であり、単なるあだ花に過ぎなかったかを、私たちは身を以て体験し痛感した。西洋近代文化の摂取にとって、明治以後八十年の歳月は決して短かすぎたとは言えない。にもかかわらず、近代文化の伝統を確立し、自由な批判と柔軟な良識に富む文化層として自らを形成することに私たちは失敗して来た。そしてこれは、各層への文化の普及滲透を任務とする出版人の責任でもあった。

一九四五年以来、私たちは再び振出しに戻り、第一歩から踏み出すことを余儀なくされた。これは大きな不幸ではあるが、反面、これまでの混沌・未熟・歪曲の中にあった我が国の文化に秩序と確たる基礎を齎らすためには絶好の機会でもある。角川書店は、このような祖国の文化的危機にあたり、微力をも顧みず再建の礎石たるべき抱負と決意とをもって出発したが、ここに創立以来の念願を果すべく角川文庫を発刊する。これまで刊行されたあらゆる全集叢書文庫類の長所と短所とを検討し、古今東西の不朽の典籍を、良心的編集のもとに、廉価に、そして書架にふさわしい美本として、多くのひとびとに提供しようとする。しかし私たちは徒らに百科全書的な知識のジレッタントを作ることを目的とせず、あくまで祖国の文化に秩序と再建への道を示し、この文庫を角川書店の栄ある事業として、今後永久に継続発展せしめ、学芸と教養との殿堂として大成せんことを期したい。多くの読書子の愛情ある忠言と支持とによって、この希望と抱負とを完遂せしめられんことを願う。

一九四九年五月三日

角川ソフィア文庫ベストセラー

蜻蛉日記
ビギナーズ・クラシックス 日本の古典

右大将道綱母
編／角川書店

美貌と和歌の才能に恵まれ、藤原兼家という出世街道まっしぐらな夫をもちながら、蜻蛉のようにはかない自らの身の上を嘆く、二一年間の記録。有名章段を味わいながら、真摯に生きた一女性の真情に迫る。

枕草子
ビギナーズ・クラシックス 日本の古典

清少納言
編／角川書店

一条天皇の中宮定子の後宮を中心とした華やかな宮廷生活の体験を生き生きと綴った王朝文学を代表する珠玉の随筆集から、有名章段をピックアップ。優れた感性と機知に富んだ文章が平易に味わえる一冊。

源氏物語
ビギナーズ・クラシックス 日本の古典

紫式部
編／角川書店

日本古典文学の最高傑作である世界第一級の恋愛大長編『源氏物語』全五四巻が、古文初心者でもまるごとわかる！　巻毎のあらすじと、名場面はふりがな付きの原文と現代語訳両方で楽しめるダイジェスト版。

今昔物語集
ビギナーズ・クラシックス 日本の古典

編／角川書店

インド・中国から日本各地に至る、広大な世界のあらゆる階層の人々のバラエティーに富んだ日本最大の説話集。特に著名な話を選りすぐり、現実的で躍動感あふれる古文が現代語訳とともに楽しめる！

平家物語
ビギナーズ・クラシックス 日本の古典

編／角川書店

一二世紀末、貴族社会から武家社会へと歴史が大転換する中で、運命に翻弄される平家一門の盛衰を、叙事詩的に描いた一大戦記。源平争乱における事件や時間の流れが簡潔に把握できるダイジェスト版。

角川ソフィア文庫ベストセラー

ビギナーズ・クラシックス 日本の古典
徒然草
吉田兼好
編／角川書店

日本の中世を代表する知の巨人・吉田兼好。その無常観とたゆみない求道精神に貫かれた名随筆集から、兼好の人となりや当時の人々のエピソードが味わえる代表的な章段を選び抜いた最良の徒然草入門。

ビギナーズ・クラシックス 日本の古典
おくのほそ道（全）
松尾芭蕉
編／角川書店

俳聖芭蕉の最も著名な紀行文、奥羽・北陸の旅日記を全文掲載。ふりがな付きの現代語訳と原文で朗読にも最適。コラムや地図・写真も豊富で携帯にも便利。風雅の誠を求める旅と昇華された俳句の世界への招待。

ビギナーズ・クラシックス 日本の古典
古今和歌集
編／中島輝賢

春夏秋冬や恋など、自然や人事を詠んだ歌を中心に編まれた、第一番目の勅撰和歌集。総歌数約一一〇〇首から七〇首を厳選。春といえば桜といった、日本的美意識に多大な影響を与えた平安時代の名歌集を味わう。

ビギナーズ・クラシックス 日本の古典
伊勢物語
編／坂口由美子

雅な和歌とともに語られる「昔男」（在原業平）の一代記。垣間見から始まった初恋、天皇の女御となる女性との恋、白髪の老女との契り――。全一二五段から代表的な短編を選び、注釈やコラムも楽しめる。

ビギナーズ・クラシックス 日本の古典
土佐日記（全）
紀貫之
編／西山秀人

平安時代の大歌人紀貫之が、任国土佐から京へと戻る旅を、侍女になりすまし仮名文字で綴った紀行文学の名作。天候不順や海賊、亡くした娘への想いなどが、船旅の一行の姿とともに生き生きとよみがえる！

角川ソフィア文庫ベストセラー

ビギナーズ・クラシックス 日本の古典
うつほ物語
編／室城秀之

異国の不思議な体験や琴の伝授にかかわる奇瑞などの浪漫的要素と、源氏・藤原氏両家の皇位継承をめぐる対立を絡めながら語られる。スケールが大きく全体像が見えにくかった物語を、初めてわかりやすく説く。

ビギナーズ・クラシックス 日本の古典
和泉式部日記
和泉式部
編／川村裕子

為尊親王の死後、弟の敦道親王から和泉式部へ手紙が届き、新たな恋が始まった。恋多き女、和泉式部が秀逸な歌とともに綴った王朝女流日記の傑作。平安時代の愛の苦悩を通して古典を楽しむ恰好の入門書。

ビギナーズ・クラシックス 日本の古典
更級日記
菅原孝標女
編／川村裕子

平安時代の女性の日記。東国育ちの作者が京へ上り憧れの物語を読みふけった少女時代。結婚、夫との死別、その後の寂しい生活。ついに思いこがれた生活を手にすることのなかった一生をダイジェストで読む。

ビギナーズ・クラシックス 日本の古典
大鏡
編／武田友宏

老翁二人が若侍相手に語る、道長の栄華に至るまでの藤原氏一七六年間の歴史物語。華やかな王朝の裏の権力闘争の実態や、都人たちの興味津津の話題が満載。『枕草子』『源氏物語』への理解も深まる最適な入門書。

ビギナーズ・クラシックス 日本の古典
新古今和歌集
編／小林大輔

伝統的な歌の詞を用いて、『万葉集』『古今集』とは異なった新しい内容を表現することを目指した、画期的な第八番目の勅撰和歌集。歌人たちにより緻密に構成された約二〇〇〇首の全歌から、名歌八〇首を厳選。

角川ソフィア文庫ベストセラー

ビギナーズ・クラシックス 日本の古典
方丈記（全）
鴨 長明
編／武田友宏

平安末期、大火・飢饉・大地震、源平争乱や一族の権力争いを体験した鴨長明が、この世の無常と身の処し方を綴る。人生を前向きに生きるヒントがつまった名随筆を、コラムや図版とともに全文掲載。

ビギナーズ・クラシックス 日本の古典
南総里見八犬伝
曲亭馬琴
編／石川 博

不思議な玉と痣を持って生まれた八人の男たちは、やがて同じ境遇の義兄弟の存在を知る。完結までに二八年、九八巻一〇六冊の大長編伝奇小説を、二九のクライマックスとあらすじで再現した『八犬伝』入門。

ビギナーズ・クラシックス 日本の古典
紫式部日記
紫 式部
編／山本淳子

平安時代の宮廷生活を活写する回想録。同僚女房や清少納言への冷静な評価などから、当時の後宮が手に取るように読み取れる。現代語訳、幅広い寸評やコラムで、『源氏物語』成立背景もよくわかる最良の入門書。

ビギナーズ・クラシックス 日本の古典
とりかへばや物語
編／鈴木裕子

女性的な息子と男性的な娘をもつ父親が、二人の性を取り替え、娘を女性と結婚させ、息子を女官として女性の東宮に仕えさせた。二人は周到に生活していたが、やがて破綻していく。平安最末期の奇想天外な物語。

ビギナーズ・クラシックス 日本の古典
梁塵秘抄
後白河院
編／植木朝子

平清盛や源頼朝を翻弄する一方、大の歌謡好きだった後白河院が、その面白さを後世に伝えるために編集した歌謡集。代表的な作品を選び、現代語訳して解説を付記。中世の人々を魅了した歌謡を味わう入門書。

角川ソフィア文庫ベストセラー

ビギナーズ・クラシックス 日本の古典
西行 魂の旅路
編／西澤美仁

平安末期、武士の道と家族を捨て、ただひたすら和歌の道を究めるため出家の道を選んだ西行。その心の軌跡を、伝承歌も含めた和歌の数々から丁寧に読み解く。桜を愛し各地に足跡を残した大歌人の生涯に迫る！

ビギナーズ・クラシックス 日本の古典
堤中納言物語
編／坂口由美子

気味の悪い虫を好む姫君を描く「虫めづる姫君」をはじめ、今ではほとんど残っていない平安末期から鎌倉時代の一〇編を収録した短編集。滑稽な話やしみじみした話を織り交ぜながら人生の一こまを鮮やかに描く。

ビギナーズ・クラシックス 日本の古典
太平記
編／武田友宏

後醍醐天皇即位から室町幕府細川頼之管領就任まで、史上かつてない約五〇年の抗争を描く軍記物語。強烈な個性の新田・足利・楠木らの壮絶な人間ドラマが錯綜する南北朝の歴史をダイジェストでイッキ読み！

ビギナーズ・クラシックス 日本の古典
謡曲・狂言
編／網本尚子

変化に富む面白い代表作「高砂」「隅田川」「井筒」「敦盛」「鵺」「末広かり」「千切木」「蟹山伏」を取り上げ、現代語訳で紹介。中世が生んだ伝統芸能を文学として味わい、演劇としての特徴をわかりやすく解説。

ビギナーズ・クラシックス 日本の古典
近松門左衛門 『曾根崎心中』『けいせい反魂香』『国性爺合戦』ほか
編／井上勝志

近松が生涯に残した浄瑠璃・歌舞伎約一五〇作から、「出世景清」「曾根崎心中」「国性爺合戦」など五本の名場面を掲載。芝居としての成功を目指し、演じることを前提に作られた傑作をあらすじ付きで味わう！

角川ソフィア文庫ベストセラー

良寛 旅と人生

ビギナーズ・クラシックス 日本の古典

編／松本市壽

江戸時代末期、貧しくとも心豊かに生きたユニークな禅僧良寛。越後の出雲崎での出生から、島崎にて七四歳で病没するまでの生涯をたどり、残された和歌、漢詩、俳句、書から特に親しまれてきた作品を掲載。

百人一首（全）

ビギナーズ・クラシックス 日本の古典

編／谷 知子

天智天皇、紫式部、西行、藤原定家——。日本文化のスターたちが繰り広げる名歌の競演がスラスラわかる！ 歌の技法や文化などのコラムも充実。旧仮名が読めなくても、声に出して朗読できる決定版入門。

宇治拾遺物語

ビギナーズ・クラシックス 日本の古典

編／伊東玉美

「こぶとりじいさん」や「鼻の長い僧の話」など、ユーモラスで、不思議で、面白い鎌倉時代の説話（短編物語）集。総ルビの原文と現代語訳、わかりやすい解説とともに、やさしく楽しめる決定的入門書！

小林一茶

ビギナーズ・クラシックス 日本の古典

編／大谷弘至

身近なことを俳句に詠み、人生のつらさや切なさを作品へと昇華させていった一茶。古びることのない俳句の数々を、一茶の人生に沿ってたどりながら、やさしい解説とともにその新しい姿を浮き彫りにする。

雨月物語

ビギナーズ・クラシックス 日本の古典

上田秋成

編／佐藤至子

幽霊、人外の者、そして別の者になってしまった人間が織りなす、身の毛もよだつ怪異小説。現代の文章にはない独特の流麗さをもつ筆致で描かれた珠玉の9篇を、易しい訳と丁寧な解説とともに抜粋して読む。

角川ソフィア文庫ベストセラー

保元物語・平治物語

ビギナーズ・クラシックス 日本の古典

編／日下　力

総ふりがなつきの原文、現代語訳、やさしい解説とコラムですらすらわかる！　鳥羽上皇崩御から、平清盛が覇権を握るまで。貴族の時代から武家の時代への転換を告げる、英雄譚と悲劇をダイジェストで読む。

三十六歌仙

ビギナーズ・クラシックス 日本の古典

編／吉海直人

「歌の神」として崇拝されてきた藤原公任撰『三十六人撰』の歌人たち。代表歌の鑑賞、人物像と時代背景、「百人一首」との違い、和歌と歌仙絵の関係など、知っておきたい基礎知識をやさしく解説する入門書。

吾妻鏡

ビギナーズ・クラシックス 日本の古典

編／西田友広

鎌倉幕府初代将軍源頼朝から第6代将軍宗尊親王まで。頼朝の天下取りの後、激しい権力争いの中で、次々と将軍の首が挿げ替えられてゆく。血で血を洗う内部抗争の始終を著す長大な歴史書をダイジェストに！

風土記

ビギナーズ・クラシックス 日本の古典

編／橋本雅之

8世紀、地方の特産物や民俗伝承、地名の由来などを記した『古事記』の時代の里山文学」をやさしいダイジェストで読む。「国引き伝説」「目一鬼の伝説」「鏡の渡の伝説」「浦嶼子の伝説」「蘇民将来の伝説」ほか。

論語

ビギナーズ・クラシックス 中国の古典

加地伸行

孔子が残した言葉には、いつの時代にも共通する「人としての生きかた」の基本理念が凝縮され、現代人にも多くの知恵と勇気を与えてくれる。はじめて中国古典にふれる人に最適。中学生から読める論語入門！

角川ソフィア文庫ベストセラー

老子・荘子
ビギナーズ・クラシックス 中国の古典
野村茂夫

老荘思想は、儒教と並ぶもう一つの中国思想。「上善は水のごとし」「大器晩成」「胡蝶の夢」など、人生を豊かにする親しみやすい言葉と、ユーモアに満ちた寓話を楽しみながら、無為自然に生きる知恵を学ぶ。

韓非子
ビギナーズ・クラシックス 中国の古典
西川靖二

「矛盾」「株を守る」などのエピソードを用いて法家の思想を説いた韓非。冷静ですぐれた政治思想と鋭い人間分析、君主の君主による君主のための支配を理想とする君主論は、現代のリーダーたちにも魅力たっぷり。

陶淵明
ビギナーズ・クラシックス 中国の古典
釜谷武志

自然と酒を愛し、日常生活の喜びや苦しみをこまやかに描く一方、「死」に対して揺れ動く自分の心を詠んだ田園詩人。「帰去来辞」や「桃花源記」ほかひとつ一つの詩を丁寧に味わい、詩人の心にふれる。

李白
ビギナーズ・クラシックス 中国の古典
筧久美子

大酒を飲みながら月を愛で、鳥と遊び、自由きままに旅を続けた李白。あけっぴろげで痛快な詩は、音読すれば耳にも心地よく、多くの民衆に愛されてきた。豪快奔放に生きた詩仙・李白の、浪漫の世界に遊ぶ。

杜甫
ビギナーズ・クラシックス 中国の古典
黒川洋一

若くから各地を放浪し、現実社会を見つめ続けた杜甫。日本人に愛され、文学にも大きな影響を与え続けた「詩聖」の詩から、「兵庫行」「石壕吏」などの長編を主にたどり、情熱と繊細さに溢れた真の魅力に迫る。

角川ソフィア文庫ベストセラー

孫子・三十六計
ビギナーズ・クラシックス 中国の古典
湯浅邦弘

中国最高の兵法書『孫子』と、その要点となる三六通りの戦術をまとめた『三十六計』。語り継がれてきた名言は、ビジネスや対人関係の手引として、実際の社会や人生に役立つこと必至。古典の英知を知る書。

易経
ビギナーズ・クラシックス 中国の古典
三浦國雄

陽と陰の二つの記号で六四通りの配列を作る易は、「主体的に読み解き未来を予測する思索的な道具」として活用されてきた。中国三〇〇〇年の知恵『易経』をコンパクトにまとめ、訳と語釈、占例をつけた決定版。

唐詩選
ビギナーズ・クラシックス 中国の古典
深澤一幸

漢詩の入門書として最も親しまれてきた『唐詩選』。李白・杜甫・王維・白居易をはじめ、朗読するだけで風景が浮かんでくる感動的な詩の世界を楽しむ。初心者にもやさしい解説とすらすら読めるふりがな付き。

史記
ビギナーズ・クラシックス 中国の古典
福島正

司馬遷が書いた全一三〇巻におよぶ中国最初の正史が一冊でわかる入門書。「鴻門の会」「四面楚歌」で有名な項羽と劉邦の戦いや、悲劇的な英雄の生涯など、強烈な個性をもった人物たちの名場面を精選して収録。

蒙求
ビギナーズ・クラシックス 中国の古典
今鷹眞

「蛍火以照書」から「蛍の光、窓の雪」の歌が生まれ、「漱石枕流」は夏目漱石のペンネームの由来になった。礼節や忠義など不変の教養逸話も多く、日本でも多く読まれた子供向け歴史故実書から三一編を厳選。